U0580694

上市公司盈余管理

案例及实证

金莲花◎著

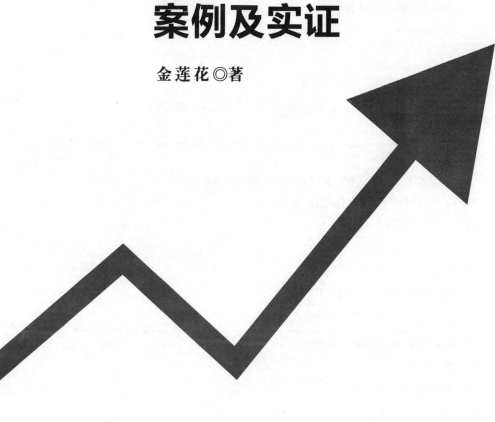

团结出版社
UNITY PRESS

图书在版编目（CIP）数据

上市公司盈余管理：案例及实证 / 金莲花著. --
北京：团结出版社, 2020.5

ISBN 978-7-5126-7857-6

Ⅰ.①上… Ⅱ.①金… Ⅲ.①上市公司—企业利润—
研究—中国 Ⅳ.①F279.246

中国版本图书馆CIP数据核字(2020)第065283号

出　　版：团结出版社

　　　　　（北京市东城区东皇城根南街84号　邮编：100006）

电　　话：（010）65228880　65244790

网　　址：http://www.tjpress.com

E-mail：zb65244790@vip.163.com

经　　销：全国新华书店

印　　刷：河北盛世彩捷印刷有限公司

装　　订：河北盛世彩捷印刷有限公司

开　　本：170mm×240mm　16开

印　　张：9.75

字　　数：150千字

版　　次：2020年5月　第1版

印　　次：2020年5月　第1次印刷

书　　号：978-7-5126-7857-6

定　　价：48.00元

（版权所属，盗版必究）

Contents
「目录」

第一章

绪 论

第一节　研究背景及研究目的

随着资本市场的萌芽、发展、规范和深化改革，资本市场的微观主体——上市公司得到快速发展，越来越多的企业通过资本市场实现上市融资，并以充足的资金为后盾，开展生产经营活动，提高效益，提升企业价值，为我国经济发展和社会安定注入活力。截至2019年6月末，我国上海证券交易所和深圳证券交易所共有3,622家企业上市交易（其中深市上市公司有2,157家，沪市上市公司有1,465家），总市值接近50万亿元，证券市场上涌现出大量大型的、具有行业影响力和国际竞争力的上市公司和集团。

回顾资本市场和上市公司的发展历程，上市公司取得的成就让国人振奋，满怀信心。然而，当我们看到上市公司取得的丰硕的业绩的同时，也会发现在资本市场上市公司的盈余管理现象屡禁不止。从轰动一时的国外的财务舞弊事件，到国内大大小小的会计粉饰事件，曾极度打击投资者信心，引起巨大的社会影响和关注。由此可见，上市公司的盈余管理现象并不是个例，需要引起社会各界的广泛重视。

公司治理制度的建立和健全，外部监管、市场的调节等手段尽管对于遏制盈余管理起着一定的作用，但是从其内在动因、外部环境、会计准则与制度安排等角度考虑，盈余管理是必然存在的现象。首先，经营权和所有权分离的现代企业中，企业的利害关系人，如所有者（包括大股东和小股东）、管理层、员工、审计师等各方存在利益冲突和信息不对称，从而引起委托代理问题，引发盈余管理。其次，由于行业的不同、企业业务的多样性和盈利模式的不同，会计准则需要赋予会计从业人员一定的职业判断空间。会计的职业判断是一把双刃剑，做出合理的判断并做相应的会计处理，将会提高会计信息的可靠性和相关性；相反，如果会计人员或企业管理层出于自身利益而做机会主义行为和判断，则会导致会计信息偏离其内在价值的后果。再次，由于企业外部人员处于信息劣势，识别一家企业的盈余管理行为面临很大的困难，尽管可以通过第三方审计或加强监管等制度安排遏制盈余管理，但这需要很大的成本投入。最后，准则和制度的改革往往无法及时跟进新型业务或交易的产生，提供新的盈余管理空间，也增加盈余管理的识别难度。

无限的盈余管理最终会被识破，此时利害关系人和市场所付出的代价是非常巨大的。在过去的几十年间，实务界和学术界的专家学者研究盈余管理，取得丰硕的研究成果。但是随着经济的发展，企业的治理结构越加复杂，业务模式和盈利模式越来越多样，涌现出更多复杂多样的新型业务，企业的盈余管理的动机和手段越发复杂。届时有必要对于我国上市公司的会计盈余和盈余管理进行全面的梳理和分析，以崭新的视角去研究盈余管理。

本文的研究目的是，梳理过去三十年间我国上市公司发展历程及会计盈余和盈余管理现状，将盈余管理区分为应计项目盈余管理和真实活动盈余管理，从理论到案例，从案例到实证的方法路径研究盈余管理的动机、识别方法及经济后果，最终根据本文的研究结论提供政策建议。

第二节 主要研究内容与研究框架

本文的主要研究内容如下。

第一，理论与文献回顾。收集并阅读文献，主要从盈余管理的定义及分类、盈余管理的动机、盈余管理的计量以及盈余管理的经济后果角度梳理和评价相关理论和前期文献，为后面的研究设计提供参考依据。

第二，盈余管理历史和现状分析。分析资本市场开市初期至2018年的上市公司基本情况、规模、会计盈余、现金利润的变化情况、会计盈余和现金利润的差异，总结出我国上市公司的盈余管理现状及普遍存在的问题。

第三，盈余管理案例研究。案例研究的优点是对研究对象进行更全面和深入的分析，对典型问题开展更深层次的探讨，有助于进行探究性研究。以往很多盈余管理的案例研究主要集中在事后已被揭发并界定为财务舞弊的案例研究，此类案例缺乏探究性和启发性。本文选取并未界定为财务舞弊的两家典型的企业，即，应计项目盈余管理典型案例——A公司和新型复杂业务中的真实活动盈余管理典型案例——B公司作为案例企业，分别分析应计项目盈余管理和真实活动盈余管理的手段和识别问题。

第四，盈余管理实证研究。案例研究的缺点是无法对研究结论进行普遍化的推论，因此，需要利用经验数据进行实证研究，以实证研究结果得出一般化的结论。本文利用我国上市公司的历年数据，计量应计项目盈余管理和真实活动盈余管理幅度，分析盈余管理的动机和经济后果，得出我国上市公司盈余管理的普遍性的结论。

第五，政策建议。根据本文的理论分析、案例分析和实证分析结果，在本文的最后部分提出识别与防范上市公司盈余管理的政策建议。

本文的研究框架如下图1.1。

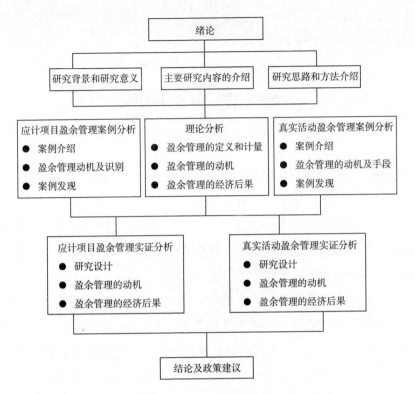

图1.1 本文的研究框架

第三节　研究方法

本文采用定性分析与定量分析相结合；理论分析、案例分析和实证研究相结合；演绎法和归纳法相结合的研究方法。

首先，在文献的梳理和政策建议的部分，本文主要采用定性研究的方法；在我国上市公司盈余管理现状分析、两个典型案例的分析和应计项目及真实活动盈余管理实证研究部分主要采用的是定量研究方法。

其次，理论和文献的评价、盈余管理动机及经济后果的逻辑推导主要应用理论分析方法；A、B两个公司的深入探究通过案例分析的方法，盈余管理的计量、动机和经济后果的验证利用经验证据通过实证分析方法进行验证。

最后，本文的研究过程中既有演绎，又有归纳，如，将案例分析推广到实证分析，以及盈余管理计量方法的提出和改进，主要用演绎法；由案例及实证分析结果归纳出盈余管理方法、现象、动机及其后果，主要应用归纳法。

第四节　研究意义

本书的研究意义从以下几个方面总结。

首先，本书分析了过去30年间上市公司的盈余管理动机，探索引发盈余管理最根本的动因以及不同历史阶段的盈余管理动机的变化，发展和深化盈余管理动因理论。

其次，分析盈余管理的经济后果，不仅验证盈余管理对于企业的信息不对称、股价波动、资本成本的影响，还侧面探索资本市场对于盈余管理的识别能力和惩罚作用。

再次，研究方法的有机结合。本文利用案例分析和实证分析相结合的方法，先深入探究盈余管理本质问题，再将案例分析结果应用到实证分析，得出普遍化的结论。

另外，本文的案例分析选取的企业并不是事后界定为财务粉饰的企业，并且案例企业通过更加隐蔽复杂的方式或通过新兴复杂业务进行的盈余管理，案例的选择与时俱进，具有更好的探索性和启发性。

最后，本文在实证分析部分进行了盈余管理计量方法的改进和创新。本文不仅改进了已有的盈余管理计量模型，而且从通过报表之间的钩稽关系建立盈余管理的新模型，使会计实证模型更加贴近会计实践。

第二章

盈余管理理论与文献回顾

第一节　盈余管理的定义

盈余管理（Earnings Management）一直是财务会计的重要研究领域，但是至今学术界对于盈余管理的定义尚未得到统一的结论，即，没有一个权威的定义。很多学者根据自己的理解对盈余管理定义并做了解释，其中有代表性的有三种。一是美国会计学者Scott的解释："盈余管理是在一般公认会计准则允许的范围内，通过会计政策选择实现管理者自身利益最大化并且提高企业市场价值的行为"。该定义没有考虑真实交易下的盈余管理，属于狭义的定义。二是学者Schipper对盈余管理的解释。她在自己的《盈余管理评论》中提出，"盈余管理是为了获取某种私人利益，有目的的干预对外财务报告过程，也可以称为披露管理（Disclosure management）"，她根据盈余管理管理是否伴随现金流，将盈余管理分为伴随着现金流的盈余管理——真实活动盈余管理和不伴随现金流的盈余管理——应计项目盈余管理。三是Healy和Wahlen（1999）定义，他们拓展了盈余管理的定义，明确指出"盈余管理是当企业的管理者在编制财务报告和规划经济业务时，运用个人主观判断来改变财务报告相关数据，从而误导与公司利益相关人员对公司的财务状况、盈余信息的理解，或者影响了依赖于会计报告中的数字的契约结果"。此定义认为实施盈余管理的途径不仅包含人们熟悉的职业判断，还加入了对实际现金流的影响，即规划真实交易，是广义范围上的盈余管理。

国内学者对盈余管理的研究较晚，学者们形成了不同的观点，孙铮和王跃堂（1999）认为盈余管理是企业管理者利用会计管制的弹性操控盈余数据的行为，属于合法行为。魏明海（2000）系统阐述了信息观基础下和经济收益观基础下的盈余管理，提出盈余管理的五项特点：其一，盈余管理影响的是会计数据尤其是会计中的报告利润，而不是企业的实际盈利；其二，盈余管理必然会同时涉及经济收益和会计数据的信号作用问题，既影响经济收益也影响会计数据的信息含量与信息作用；其三，盈余管理的主体是企业管理当局，会计人员是盈余管理中的配角，管理当局应当对盈余管理承担责任；其四，盈余管理的客体主要是公认会计原则、会计方法和会计估计；最后，盈余管理的目的既明确又非常复杂，所谓明确是指盈余管理的主要目的在于获取私人利益，而盈余管理是与公众利益、中立性原则相矛盾的，因此其目的又非常复杂。宁亚平（2004）区分盈余管理（Earnings Management），盈余操纵（Earnings Manipulation）和盈余作假（Earnings Fraud），他认为盈余管理是指管理层在会计准则和公司法允许的范围内灵活运用会计选择以达到影响盈余的目的或效果的行为，或通过无损于公司价值的实际经营活动和交易来操纵盈余的行为。

综合前期文献对于盈余管理的定义，本文考虑盈余管理的主体、动机、方式和结果四个要素，定义盈余管理。盈余管理是指企业管理层为了谋取私人利益，通过改变业务、有目的的选择和调整会计处理方法或财务报表的报告方法，从而改变盈余信息的信息质量和信息含量的行为。根据本文的定义，盈余管理既包括公认会计准则允许的范围内的盈余管理，也包括违反准则和相关法律的盈余管理，我们将后者统称为利润操纵或盈余操纵（Earnings Manipulation）。本文参考和Schipper（1989）学者对盈余管理的分类方法，根据盈余管理是否改变业务，分为真实活动盈余管理（Real Activities Earnings Management）和会计活动盈余管理或应计项目盈余管理（Accounting Based Earnings Management，Accrual Based Earnings Management）。

第二节　盈余管理的计量

已有的盈余管理计量方法包括应计利润分离法（Jones，1991；Dechow等，1995）、分布检测法（Burgstahler和Dichev，1997）、具体项目分析法（McNichols和Wilson，1988）、真实活动盈余管理（Roychowdhury，2006），递延所得税识别法（Mills和Newberry，2001；Phillips等，2003）等。

一、应计利润分离法

盈余管理各种计量方法中，应计利润分离法是研究数量最多且能够衡量个别企业利润操控的幅度，适用面最广的计量方法。应计利润分离法由Healy（1985）模型开始，后续被很多学者得到一次次的完善，呈现出各种计量模型，其中被学术界广泛应用的是1991年的Jones模型和1995年的Dechow模型（也称为修正的Jones模型）。

（一）应计利润分离法的计量原理

会计盈余被分解为经营活动产生的现金流量（CFO）和应计利润（TA），应计利润（TA）又可以分解为不可操纵的应计项目（NDA）和可操纵的应计项目（DA）。不可操纵的应计项目是由会计准则指定的现金流调整项目，如长期资产应该系统地计提折旧和摊销，年末应该按成本与可变现净值孰低法来计提存货跌价准备等。可操纵的应计项目是由管理者选择的现金流调整项目，管理者在会计准则规定的公认的会计程序中有一定的自由裁量权，如选择长期资产的折旧摊销方法，可以加速或推迟年末存货的传输，可以将制造费用在营业成本和存货之间进行分摊等。根据以上分析不难发现直接计量可操控性应计利润（DA）难度很大，它会因企业、动机、手段、管理者的不同而不同，众多的影响因素使得可操控性应计利润复杂多变，不易直接计量。但是，换个角度通过倒挤的方式得到可操控应计利润（DA）相对容易得多。因为，会计盈余扣除现金利润和不可操控应计利润即可得到可操控应计利润（DA），从而衡量盈余管理程度。

基于上述理论，应计项目分离法认为经营活动的现金流量不可操控，故会计盈利扣除经营活动现金流量为总应计利润部分（TA），将其进一步细分为不可操纵应计部分（NDA，nondiscretionary accruals）和操纵性应计部分（DA，discretionary accruals）。那么，通过一些模型计算出不可操纵应计部分，就可以得出可操纵应计部分来衡量企业的盈余管理程度，其逻辑公式表达如表2.1所示。要衡量企业的盈余管理幅度，除了不可操控性应计利润外，其他变量均可以从财务报表数据中获取。

表2.1 应计利润分离法逻辑公式

TA=NI−CFO	公式2.1
TA=NDA+DA	公式2.2
NI−CFO=NDA+DA	公式2.3
DA=NI−CFO−NDA	公式2.4
其中， TA：总应计利润（Total Accruals）； NI：净利润（Net Income）； CFO：经营活动产生的现金流量净值（Cash Follow from Operation Activities）； NDA：不可操纵性应计利润（正常性应计利润，Nondiscretionary Accruals）； DA：操纵性应计利润（Discretionary Accruals）。	

（二）现有应计利润分离模型的演变

前期研究已经发展出很多应计利润的计量模型，但是目前被学术界广泛应用的是1991年的Jones模型和1995年的Dechow模型（也称为修正的Jones模型），他们是由最早的1985年的Healy模型一步步完善取得的成果。这条模型改进的主线上有Healy（1985）模型、DeAngelo（1986）模型、Jones（1991）模型、Dechow（1995）的修正的Jones模型，Kothari等（2005）的行业收益配比模型。

此外，还有DD模型和FLOS模型，DD模型（Dechow和Dichev，2002）通过应计利润与上期、本期和下期经营活动现金流量的线性关系计量操纵性应计利润；FLOS模型（Francis等，2005）在DD模型的基础上增加营业收入的变动与固定资产的影响。

Healy（1985）模型是最初的盈余管理计量模型，比较简单易于理解。Healy认为应计利润是存在逆转效应的，即在事件的前期进行盈余管理，将应计利润提高（或降低），那么在事件的后期应计利润会自动降低（或提高）。该逻辑认为在足够长的时间内，可操控应计利润的代数和为零。那么，估计期内总应计利润为不可操纵应计利润的总和，可以由年度平均总应计利润来代替不可操控性应计利润。模型如公式2.5所示。

DeAngelo（1986）认为不可操控性应计利润应该服从随机游走模型，即当年的正常性应计利润应该等于上年的正常性应计利润，因此由上年的总体应计利润来代替正常性应计利润。该模型可以看成Healy（1985）模型的另外一种表达形式，即把估计期限定在上一年的情况，将上一年的总体应计利润作为正常性应计利润的表征变量（参考公式2.6）。上述两个模型的提出者是使用应计利润分离法来计量盈余管理的先驱，尽管不可操控性应计利润计量的正确性受到学术界的质疑，但是他们为盈余管理的计量做出的贡献是巨大的。上述模型在无法获得会计账簿与会计记录的情况下，可以识别公司是否存在盈余管理行为，定量地评价企业的盈余管理幅度，而不仅仅是对盈余管理进行定性的论述。这些计量模型的提出也为与盈余管理相关的实证研究提供了计量基础，为以后的应计利润分离法的发展起到了引导作用。

Jones（1991）认为，无论是Healy的平均年度总应计利润还是DeAngelo的上年总应计利润，作为不可操控性应计利润的表征变量都是有问题的。二者都没有清楚地界定可操控应计利润和不可操控性应计利润，并且在估计期内不可操控性应计利润保持不变是不合理的。随着企业的发展，企业的规模进一步扩大，企业的收入增加，如果赊销政策不变，会产生更多的应计收入；同时企业的扩产会增加更多的固定设备投入，从而折旧费用等应计项目会增加，这些都会影响到正常性应计利润的计量。在上述逻辑的推导下，Jones对正常性应计利润的计量方法进行改进，在恒量的基础上加入了企业收入规模的变化和固定资产的影响（参考公式2.7）。该模型首先将估计期的数据带入回归模型求得各个驱动因素的系数，然后将事件期的数据带入回归方程求得正常性应计利润，最后通过总体应计利润与正常性应计利润的差异来衡量盈余管理的幅度。其革命性的创新点在于第一次通过回归模型将正常性应计利润和操纵性应计利润分离，为后来的改进后的盈余管理计量模型奠定了基础。

Dechow等（1995）在基本Jones模型的基础上进行改进得到修正的Jones模型。他们认为，应计利润会随着主营业务收入的变化而变化，但是前提条件是该主营业务收入的变化是真实的，不是操纵而来。如果增加的收入中有一部分是人为提高的（比如通过增加应收账款来提高当期收入），会对正常性应计利润的估计产生影响，这种噪音会使得回归模型产生高估正常性应计利润的结果从而低估盈余管理。为了避免这种偏差，Dechow（1995）主张在主营业务收入这项驱动因素中剔除操控收入的变化。而识别哪些收入是操控性的，是有困难的，一般情况下采用应收账款进行收入操控面临较少的困难，所以他们将应收账款的变化作为表征变量从营业收入中剔除（参考公式2.8）。

Kothari等（2005）提出收益配对模型（Performance Matched Model），首先通过Jones模型和修正的Jones模型计算目标企业和行业内收益（ROA）相当的配对企业的操纵性应计利润，再由目标企业的操纵性应计利润减去配对企业的操纵性应计利润，当作目标企业的操纵性应计利润，以此来解决行业和收益率产生的异质性问题（参考公式2.9）。但是Dechow等（2010）[13]研究指出，此模型增加模型的污染（noise）而降低模型效力。

DD模型（Dechow和Dichev，2002）认为应计利润不仅与未来的现金流入和流出相关（应收款和应付费用），而且与之前的现金流入和流出也相关（预收款和预付费用），模型以短期营运资本为应计利润，通过应计利润与上期、本期和下期经营活动现金流量线性关系计量不可操纵应计利润（参考公式2.10）。FLOS模型（Francis等，2005）在DD模型的基础上增加营业收入的变动与固定资产的影响，同时将模型的残差分解为固有估计错误（innate estimation error）和操纵的估计错误（discretionary estimation error），以操纵估计错误衡量盈余管理（参考公式2.11）。

以上应计利润模型以表2.2整理。

表2.2　现有不可操控性应计利润计量模型

模型名称	公式	
Healy（1985）	$NDA_t = \Sigma TA\ /\ T$	公式2.5
DeAngelo（1986）	$NDA_t = TA_{t-1}$	公式2.6
Jones（1991）	$NDA_t = \alpha_0 + \alpha_1\,(\Delta REV_t) + \alpha_2\,PPE_t$	公式2.7
Dechow等（1995）	$NDA_t = \alpha_0 + \alpha_1\,(\Delta REV_t - \Delta REC_t) + \alpha_2\,PPE_t$	公式2.8
Kothari等（2005）	$NDA_t = $ Matched firm's DA_t	公式2.9
DD（2002）模型	$\Delta WC_t = \alpha_0 + \alpha_1 CFO_{t-1} + \alpha_2 CFO_t + \alpha_3 CFO_{t+1}$	公式2.10
FLOS（2005）模型	$TA_t = \alpha_0 + \alpha_1 CFO_{t-1} + \alpha_2 CFO_t + \alpha_3 CFO_{t+1} + \alpha_4\,(\Delta REV_t) + \alpha_5\,PPE_t + \varepsilon_t$ $\sigma\,(\varepsilon_t) = \lambda_0 + \lambda_1 SIZE_t + \lambda_2\sigma\,(CFO)_t + \lambda_3\sigma\,(REV)_t + \lambda_4\log\,(\text{Operating Cycle})_t + \lambda_5\,Neg\ Earning_t + \nu_t$　　公式2.11	

其中，

NDA_t：t期预计的正常性应计利润；

TA_t：t期的总体应计利润；

T：估计期总年数；

ΔREV_t：t期收入与$t-1$期收入的差额；

PPE_t：t期期末固定资产总价值；

ΔREC_t：t期应收款项与$t-1$期应收款项的差额。

ΔWC_t：t期应计运营资本

$SIZE_t$：资产规模

Operating $Cycle_t$：营业周期

Neg $Earning_t$：当期盈利与否

二、分布检测法

分布检测法是一种最简单的盈余管理的识别方法，该方法首先绘制出会计盈余的分布密度图，再通过观察特定的阈值点周围的分布情况来评价盈余管理情况，通常的阈值点有零点、上年盈余临界值、管理层或分析师预测盈余等等。分布检测法兴起于20世纪90年代，是一种很实用的盈余管理识别方法，它可以直观地反映出特定动机的盈余管理行为，一度受到学术研究者的青睐。国外学者Burgstahler和Dichev（1997）的研究检测了盈余及盈余变动的密度分布图的规律，发现该分布有明显的阈值点，零点周围的分布不平滑，左侧相邻区间（微亏或微减）的分布频率明显低于预测值，而右侧相邻区间（微盈或微增）的频率比预期值高，这意味着存在为避免亏损或避免利润的下滑而进行的盈余管理，并主张至少30%–44%的微亏企业调高利润报告正利润（参考图2.1）。国内学者张然（2007）通过分布检测法对现金流量进行了研究，结果发现现金流量的分布不是平滑的，分别有零点（图2.2的左）、上年的经营现金流量点（图2.2的中）、分析师预测现金流量（图2.2的右）三个显著的不平滑阈值点，总结出16.41%的报告现金流为微正的企业是通过现金流操纵来达到目的的，16.64%和9.81%的企业通过现金流操纵行为来实现现金流的增长或者达到分析师预测的水平，她还将以上三种现象分别与美国企业对比，发现中国上市公司的这种现象比美国显著（图2.2的上为中国分布图，下为美国分布图）。

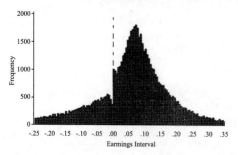

图2.1　Burgstahler和Dichev（1997）检测出的会计盈余的分布图

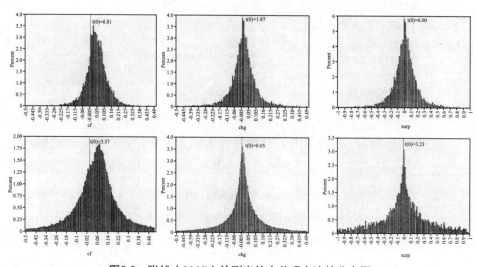

图2.2　张然（2007）检测出的中美现金流的分布图

分布检测法具有简单易用、直观，并且避免统计误差，但是分布检测法无法检测盈余管理的幅度和手段，也不容易识别出具体实施盈余管理的企业目录，只适用于检测盈余管理的动机。

三、具体项目分析法

具体项目分析法是指通过对报表中具体某一项目进行深入分析的研究方法。有很多学者分析资产减值项目，以此判断盈余管理程度。对煤炭行业坏账准备的研究（McNichols和Wilson，1988），对保险行业的索赔损失准备的研究（Beave和McNichols，1998）都发现企业通过资产减值项目进行盈余管理。我国的赵春光（2006）通过实证研究表明亏损公司会利用转回资产减值的方式来避免亏损，而无法转回资产减值的公司会继续计提资产减值准备来"洗大澡"；罗进辉等（2010）以2004~2008年5年间A股上市企业的制造业企业作为研究的样本,结合新准则的颁布深入分析对流动资产和长期资产余额进行盈余管理的行为动机，并得出公司的治理环境对相关盈余管理行为动机具有调节抑制作用的结论。高伟华（2010）也进行类似研究发现，上市公司利用应收账款的备抵账户——坏账准备、短期投资以及存货的跌价准备等流动资产的减值准备进行盈余管理。

有一些研究关注研发支出项目，提出企业通过研发支出的资本化和费用化处理的选择进行盈余管理。我国企业会计准则对于企业的研究开发（R&D）区分研究阶段和开发阶段，在满足以下五个条件时，允许企业对其进行资本化处理，其一是完成该无形资产以使其能够使用或出售在技术上具有可行性；其二是具有完成该无形资产并使用或出售的意图；其三为无形资产存在市场或有用性；其四是有足够的技术、财务资源和其他资源支持，以完成该无形资产的开发，并有能力使用或出售该无形资产；最后归属于该无形资产开发阶段的支出能够可靠地计量。然而，资本化的五个条件在实践过程中难以判断和衡量，因此给企业管理当局提供盈余管理的空间。许罡和朱卫东（2010）发现研发投入与研发支出资本化比列成正比，企业通过研发支出的资本化进行盈余管理，以此来避免亏损和满足再融资的需求；肖海莲和周美华（2012）考察了研发支出的资本化和费用化对于盈余管理的影响，发现企业除了削减研发支出，还通过调节研发支出和费用化支出间的比例来进行盈余管理。

具体项目分析法针对性强，适合具有共同特征的样本总体的分析，可以更深刻、更具体地分析其盈余管理行为。但是该方法要求研究者对制度有深刻的认识，且适用于具体行业或部门，因此研究结果没有普遍适用性。

四、真实活动盈余管理

Schipper（1989）将盈余管理分为应计项目盈余管理和真实活动盈余管理，解释真实活动盈余管理是指通过安排投融资决策时间的方式改变和调整报告利润的行为。Healy和wahlen（1999）、Dechow和Skinner（2000）的研究指出管理层除了通过会计估计和会计方法对盈余进行管理外，还可以干预正常业务得到期望的盈余数字。Jackson和Wilcox（2000）研究发现微利公司通过四季度降价促销的方式避免亏损或实现盈利的增长；Gunny（2005）研究发现管理当局通过研发费用或销售与管理费用等酌量性费用提升会计利润。Roychowdhury（2006）认为公司通过放宽信用政策、过度生产、降低研发支出及销售管理费用等真实活动的操作进行利润操控，他在Dechow（1998）研究的基础上建立了与企业经济业务相关的利润操纵模型，分析发现企业不惜牺牲长远利润，通过真实的经济活动来进行盈余管理以达到短期目标。Roychowdhury（2006）提出的真实活动盈余管理的计量模型得到学术界的肯定，开启了真实活动盈余管理研究的热潮，涌现出很多真实活动盈余管理的研究。Cohen（2008）做了事件研究，分析了萨班斯法案（SOX）颁布前后美国上市企业所倾向的盈余管理手段是否发生变化，研究结果表明萨班斯法案颁布之前，企业倾向于利用应计项目操纵利润，法案颁布之后，利用真实活动的盈余管理手段占总体比重有所上升。张俊瑞等（2008）对我国上市企业的真实活动盈余管理行为进行了研究，发现企业为了实现盈利目标会进行销售操控、费用操控和生产操控等真实活动的盈余管理。

真实活动的盈余管理弥补了应计利润分离法无法识别现金流操控的不足，从销售管理、费用管理和生产管理这几个方面分析了企业的操纵利润的行为，但普遍被采纳使用的真实活动盈余管理的计量模型仅仅衡量的是销售、生产和费用操控等三个方面的盈余管理，并且模型在应用过程中拟合度偏低，存在一定的局限性。

五、递延所得税识别法

递延所得税法是用递延所得税费用作为衡量企业是否进行了利润操纵的一种工具。递延的所得税费用是企业的所得税费用的组成要素之一，且能够反映基于公认会计原则的当期会计利润与税法上规定的纳税所得之间形成的暂时性差异对企业所得税的影响，其主要差异来自在不同期间的收入费用及影响会计所得与应税所得的资产和负债项目。国外对盈余管理的研究起步比较早，也呈现了通过所得税费用识别盈余管理的相关研究，研究可以分为两个方面：一方面是根据企业的会计利润与应纳税所得额之间的数值差异，分析企业是否进行了利润操纵行。Mills和Newberry（2001）的研究表明，三种类型的企业会出现比较大的会计利润与纳税所得差异，分别是微盈企业、陷入财务困境的公司，资产负债率较高的企业。这三类企业都具有进行盈余管理的动机，此类企业会计收益对应税所得的严重偏离进一步验证的其盈余管理行为的存在性，也不排除为了规避所得税进行利润操控。Phillips等（2003）建议使用递延所得税费用当作企业进行盈余管理的代理变量，该研究的实证结果显示，就避免盈余下降和盈余损失的盈余管理行为上，与总体应计利润和Dechow修正的Jones模型估计的可操控性应计利润相比，递延所得税费用对盈余管理行为的解释能力更强。第二个方面是考虑到企业所得税的成本问题，企业在进行盈余管理行为时会进行一个权衡，比较利润操纵带来的报告收益和是否能够弥补由此带来的税收成本，从而决定进行盈余管理或者放弃该行为。Shackelford和Shevlin（2001）指出由于企业进行盈余管理提高利润或造成较高的税负，所以管理层在是否进行盈余管理的决策时，会在财务报告成本和税收成本之间进行权衡。国内基于所得税的盈余管理方面的相关研究大体可以分为两类：第一类是列示出会计准则规定的应付税款法及纳税影响会计法两种应纳税的计量方式，并比较两种方法的不同，从而揭示出不同的盈余管理方式；第二类的研究以我国实行新的企业所得税实施条例的2008年为研究背景，即我做的税法改革为盈余管理领域的事件研究提供了政策背景。计税方式的不同和税收政策的变化使得2008年前后企业所得税的数据发生了很大的变化，这不排除有盈余管理动机的企业趁此机会进行利润操控。李增福和郑友环（2010）研究了税率变动与盈余管理之间的关系，研究结果发现企业的税率发生变化时，大部分企业会进行盈余管理行为，并且发现根据税率增减的方向不同，盈余管理的方式也不同。张鹏（2009）研究了市场对企业进行盈余管理的反应情况，由于中国市场还没有达到强有效，研究结果表明，资本市场还不能够识别基于递延所得税的盈余管理行为。

递延所得税识别法为盈余管理的计量提供了新的思路，但是其使用也需要建立在主观的假设上，且至今还没有比较完善的业界达成共识的计量模型，有待进一步研究。

六、小结

企业会计准则给予企业一定的职业判断的空间，企业业务的日益多样化和新兴业务的产生无可避免地引发新型的盈余管理，盈余管理动机复杂，手段越发巧妙，其后果涉及股东和债权人以及其他利害关系人的利益，对资本市场起着深远的影响。因此，盈余管理是会计和管理学领域一直关注的话题。盈余管理的相关研究在20世纪80年代中后期兴起，在接下来的数十年内在不同领域得到快速发展，而如何衡量盈余管理的幅度仍是相关研究需要解决的核心问题。

国外学者的研究中指出了较多衡量盈余管理程度的方法，尤其是应计利润分离法，由于该计量方法的相关研究比较早，并且适用面比较广且能衡量企业进行利润操控的幅度，从而得到了一次次的完善。随着计量方法相关的研究层出不穷，一些盈余管理领域相关的研究者面临的选择问题也应运而生。在这些众多的可供选择的盈余管理计量方法中哪个模型的效力比较高，哪个可以精确的计量盈余管理的程度，哪个使用起来方便且数据易于获取等等，这些都是困扰盈余管理相关研究的学者的问题。在这样的背景下，盈余管理计量模型的综述、比较及评析就显得格外重要，为盈余管理领域的研究者提供选择计量模型的依据。

　　国外文献很少有单独评述盈余管理计量方法的研究，大多是在综述已有模型的基础上提出自己的计量模型，通过检测不同模型识别盈余管理的能力来鉴定模型的好坏。如Dechow、Sloan和Sweeney（1995）就是在基本Jones模型衡量不可操控应计利润的公式中将主营业务收入中的应收款项的变化值剔除掉，作为改进后的模型，并通过计量改进后的模型与基本琼斯模型犯两类错误的概率来对两个模型进行评析。Kothari（2005）在基本Jones模型的基础上加入了新的变量来消除业绩对盈余管理的影响，使得计量模型的效力进一步提高，能够更好地揭示企业的盈余管理行为。国内有一些与盈余管理计量模型的评述、分析相关的文献研究。比较典型的有夏立军（2003），该研究对比了现有的盈余管理计量模型及模型的变形对盈余管理行为的揭示能力，通过比较各个模型计量出的可操控性应计利润与增发股票之间的关系来鉴别各个模型的利润操纵识别能力。

　　纵观国内外各种盈余管理的计量方法可以看出，各种方法都具有自身的优劣，不存在最完美的计量模型，因此盈余管理的计量的基础研究仍需继续，盈余管理应用研究中研究者根据自身的需求，甄别使用或综合使用不同的模型，展开相关研究。

第三节　盈余管理的动机

盈余管理动机比较复杂，相关研究也比较多，综合前期的学术研究，本文将盈余管理动机归类为平滑利润（Income Smooth）动机、资本市场动机、契约动机、政治成本动机和节税动机。

一、平滑利润动机

平滑利润（Income Smooth）是指企业为了减少净利润的变动而做的努力或行为。Defond和Park（1997）发现，当期业绩较差未来预期业绩高时，当期可操纵应计利润呈正数，即将未来利润提前到当期确认；相反，当期业绩较好预期业绩较差时，当期可操纵应计利润呈负数，将本期利润递延到未来期间确认，证明了平滑利润的存在。过去很多学者研究了平滑利润动机，Ronen和Sadan（1981）做了完整的解释。企业减少利润变动的原因如下：（1）通过长期的平滑利润，可以起到节水效果。我们通常定义企业的有效税率，即所缴纳的各项税金和营业收入的比值。当企业的有效税率变化较大时会引起相关部门的注意，因此企业为了避免不必要的关注，选择平滑利润的会计处理方式。（2）平滑利润可以实现经营者的效用最大化。如果企业的报告利润比前期利润或预期利润低，股东会问责管理层，因此管理层有动机提高利润；相反，当企业的实际利润大于前一期利润或预期利润，管理层为了应对将来可能发生的业绩风险，尽量选择减少利润的会计处理。（3）平滑利润可以提高企业价值。理论上，企业价值等于未来现金流的现值，折算未来现金流时需要选择合适的折现率，而折现率与企业的不确定性成正比，利润的波动会增加企业的不确定性，因此，平滑利润有利于减少折现率，从而提高企业价值，如，Hunt（1995）发现平滑利润有利于提高股价。（4）平滑利润减少破产危机，提高融资能力。企业外部利害关系人往往无法直接获取企业内部信息，通常通过利润的变化趋势来判断利润的可持续性。平滑的利润给企业外部人安全感，减少债务危机，提高企业的融资能力，有利于降低融资成本。

二、资本市场动机

对于我国上市公司，盈余管理的资本市场动机尤为值得关注。

我国相关法律规定，公司在股票市场上要想得到证监会批准进行公开发行股票（IPO）必须连续三年盈利，另外IPO的发行价格并不明确，要想达到一个理想的发行价格，在行业市盈率差别不大的情况下，公司就要尽可能提高税后净利润。同时，股票发行后，由于投资者对企业的实际经营情况和财务、经营风险了解得并不明确，所以只能通过会计盈余信息来进行判断。因此，在我国资本市场上，拟上市企业出于融资需求，为了以更低的资本成本吸引更多投资者，募集更多资金用于接下来的生产经营与投资活动就会调整会计收益，有动机使公司呈现出盈利状况较好的会计数字信息，以此来表明更加光明的发展前景。但错误的利润信息可能误导股东、债权人等利益相关者做出错误的决策。

此外，上市企业通过增发和配股进行再融资时，为了以相对更低的成本在证券市场上募集更多的资金也会希望企业的盈利能力显现出较强的趋势。同时，企业的并购重组活动中，被收购公司为了获得更多的收购金额，提高购买方收购成本，也会倾向调高利润。

在我国证券市场上，已上市的企业如果连续两年亏损就被指定为特殊处理（ST，Special Treatment），并且股票代码前冠以ST字样，引起潜在股东的注意，如继续亏损一年将暂停上市（PT），甚至取消上市资格。所以上市公司为了避免被ST或PT就有动机和压力操控盈余来满足证券市场的规定。

Teoh等（1998）研究发现，为得到监管部门的批准，上市公司在首次公开发行股票前一年会进行向上的盈余管理以调高利润，但是IPO完成后，应计项目的盈余管理又被转回。蔡春和李明（2013）以IPO企业为研究对象探究公司业绩和盈余管理方式的关系，发现首次公开发行股票的企业同时实施了应计项目和真实活动的盈余管理。Dechow等（1996）研究发现，在公司增发新股的过程中，出现了频繁进行盈余管理的行为。薛爽（2003）研究表明亏损的上市公司为了延迟亏损会利用应计项目或线下项目来增加盈余，亏损当年会进行相反的盈余管理，继续下调损益为以后年度扭亏预留一定的空间。蔡春和朱荣等（2012）研究发现，濒临退市的上市公司出于"保壳"动机会进行应计项目和真实活动的盈余管理，且真实活动盈余管理对业绩的改善效果更大。

三、契约动机

契约动机通常包括薪酬契约动机（Bonus Plan Hypothesis）和债务契约动机（Debt Covenant Hypothesis）。

薪酬契约动机是伴随着委托代理关系的产生。作为委托人的股东为了增加股东财富实现企业价值最大化会与代理人签订一系列薪酬契约从而希望管理者可以达到股东所期望的目的。传统并常用的薪酬契约普遍以经营业绩为依据，会计盈余又是经营业绩的重要衡量指标，由于信息不对称的存在，公司的管理者掌握着经营活动以及对重大财务政策决定的权利，为了达到预期的业绩而存在盈余管理的动机。如果公司当年的实际收益高于薪酬契约的上限，管理者就会调低盈余，把当年超额收益递延到未来期间，因为额外的利润和业绩并不能带来超额的利益；如果当年实际收益低于下限，管理者就会进一步调低盈余以期待未来期间的盈余反转。若会计利润处于上限与下限中间，管理者往往调高盈余以获得更多的薪酬与奖金。Healy（1985）研究发现，总经理的奖金存在上下限时，会倾向于利用应计项目调低当期利润，当没有上下限时，更倾向于调高当期收入。杨慧辉等（2012）从应计项目盈余管理和真实活动盈余管理两方面利用实证方法研究盈余管理与激励水平和方式关系，发现管理层会权衡成本与风险选择适当的盈余管理方式。

债务契约的动机是债权人出于对自身利益的保护，会在契约中加入对自己利益有保护的限制性条款，因为我国相关法律规定，债权人的清偿顺序排在股东之后，其利益容易受到威胁，企业如果破产，在清偿了所有者之后再偿还债务。Sweeney（1994）通过研究表明企业在面临债务契约临界点时会发生比较大幅度的盈余管理。Dechow等（1996）指出为了避免债务契约限制条款，管理者会进行操纵盈余的行为。

四、政治成本动机

政治成本动机（Political Cost Hypothesis）是复杂多变的，每一家企业都存在于宏观经济环境下，而政治环境是其中最重要的因素之一。规模越大的公司其政治成本越高，因为出于反垄断的目的，政府往往会重点关注某些行业对其进行竞争管制以避免"进入壁垒"的存在和垄断的形成。所以为了逃避政府的监管，企业往往会把额外的收益顺延。此外，税收也是国家资金的主要来源，规模越大的公司往往有更大的税负，因此为了避税企业也会倾向于负向的盈余管理。企业所处的政治经济环境在不断地变化，在石油危机期间，各大石油公司报告过高的利润会引起社会对油价的不满，从而需要支付政治成本费用，因此石油公式有动机将利润调低。

第四节 盈余管理的经济后果

一、盈余管理对公司业绩的影响

首先，很多学者研究盈余管理对于公司未来业绩的影响，发现盈余管理对于企业的未来业绩起着负面影响。Ducharmeetal（2001）研究了IPO公司是否存在机会主义盈余管理行为，发现应计项目盈余管理和公司IPO后的业绩存在显著的负相关。蔡春等（2013）认为应计项目盈余管理对企业的短期经营业绩的负面影响较大，对长期经营业绩的影响较小。Grahmetal（2005），Bhojrajetal（2009）发现进行真实活动盈余管理的企业其后续年份的经营业绩差的结论，他们认为之所以会得出这样的结果是因为真实活动盈余管理违背了企业正常的经营计划，正常的经营活动被打乱，造成了更多的应收账款、更大的存货积压以及研发延迟等，会对企业未来现金流产生负面影响，真实活动盈余管理即使美化了当前盈余，但会损坏企业的长期价值，因此，真实活动盈余管理是一种导致整体资源配置低效率的次优选择。Cohen和Zarowin（2010）和李增幅等（2011）研究了上市公司股权再融资过程中的盈余管理行为及其对公司业绩的影响，研究结果发现上市公司在股权再融资过程中会同时使用应计项目盈余管理和真实活动盈余管理，两类盈余管理对业绩影响存在明显差异，真实活动盈余管理会导致上市公司股权再融资后长期业绩下滑，而应计项目盈余管理会引起融资后公司业绩的短期下滑。王福胜等（2014）也研究了应计项目盈余管理和真实活动盈余管理对公司业绩的影响，发现不管是应计项目盈余管理还是真实活动盈余管理，都对企业的未来业绩产生负面影响，但应计项目盈余管理对未来业绩的负面影响是短期的，而真实活动盈余管理影响企业的长期业绩，与Cohen和Zarowin（2010）和李增幅等（2011）研究结论基本一致。

其次，也有个别学者从信号理论的角度分析盈余管理对企业的未来业绩产生积极影响，并通过实证分析方法检验所提出的观点。Gunny（2010）认为真实活动盈余管理使得报表利润达到某一阈值，向市场传递企业的竞争能力及美好的发展前景，可以提高公司的声誉，并提高公司在债权人、供应商和客户等利益相关者心中的形象。他的研究发现，真实活动盈余管理使得利润达到投资者预期从而提高股价，避免诉讼、降低融资成本、增加投资机会等均给公司改善未来业绩提供了一定的空间，使公司具有更好的未来发展环境，因此真实盈余管理确实可以提高企业之后的业绩水平。Chen et al（2010）研究发现，通过真实活动盈余管理使业绩达到分析师预测的上市公司其长期发展能力要优于进行应计盈余管理的公司，也要优于不进行任何方式盈余管理的公司，这表明真实盈余管理具有传递公司未来业绩看好的信号功能。

　　另外，也有少数学者发现盈余管理和未来业绩的关系式不定的或无相关性。Li（2010）的实证结果表明，真实活动盈余管理中销售操控带来的非正常经营现金流水平与未来的股票业绩表现正相关，而真实活动盈余管理中生产操控带来的非正常成本的水平与未来的股票业绩负相关。说明不同的真实盈余管理手段对企业未来业绩的影响存在差异，销售操纵会提高企业之后的业绩，生产操控则会降低企业未来的业绩水平。Taylor和Xu（2010）研究了真实盈余管理对企业后续业绩的影响，发现真实盈余管理活动并不会使之后的业绩表现有明显的下降，他们认为这很可能是因为大部分公司的管理者并不进行激进的真实盈余管理，而是会仔细考量真实盈余管理的成本和收益，以确保不损害企业的长期价值。Gary et al.（2010）的实证分析也表明企业当期是否进行真实活动盈余管理与未来业绩并没有显著的相关性，原因主要在于两个方面：在关键时刻进行真实盈余管理是一种偶然行动，只要未来年度企业生产销售回归正常计划，这种偶然的适度的真实活动盈余管理不会损害企业未来业绩；符合要求或预期的业绩是一种好信号，给资本市场中各个利益相关者传递了企业未来前景看好的信号，给企业创造各种未来发展的便利，而其实活动盈余管理能帮助企业实现业绩的预期，因此真实盈余管理具有正向作用。Zhao et al.（2012）研究了不同动机和强度的真实盈余管理对公司未来业绩的影响，研究发现真实活动盈余管理总体上与企业未来绩效呈现负相关，这是真实活动盈余管理的价值损害效应；但真实盈余管理也存在信号传递效应，为了达到业绩门槛的真实活动盈余管理与企业未来绩效正相关。真实活动盈余管理的动机及强度决定了真实盈余管理的成本及收益，合理权衡成本与收益使得真实盈余管理比较适度，从而对未来价值产生正向作用。因此，真实盈余管理对企业未来经营业绩的影响不一定是负面的。

二、盈余管理的市场反应

企业管理层操纵盈余金额和盈余结构，如果市场投资者无法有效识别上市公司的盈余管理行为，将会高估未来盈余和盈余的持续性，影响股价，使股价高于其内在价值。由于应计项目盈余管理研究早于真实活动盈余管理，因此应计项目盈余管理对于股价的影响研究相对丰富。

Sloan（1996）认为，市场投资者过分看重企业的账面利润规模，但不能有效识别应计利润与现金流的可持续性差异，因此往往高估企业的盈余质量和应计利润的价值，产生应计异常现象。Collin和Hribar（2000）利用美国资本市场的季度数据分析发现，市场投资者会高估企业应计利润的价值。然而，Sloan（1996）和Collin和Hribar（2000）的研究均未深入探讨导致市场发生错误定价的是操纵性应计利润部分还是非操纵性应计利润部分，也没有深入考察应计异象的成因。Xie（2000）和DeFond和Park（2001）进一步探究以上问题，将上市公司的应计利润进行细分考察，研究发现上市公司管理层通过应计项目盈余管理获得异常高的操纵性应计利润，降低了未来年度盈余持续性，引起市场投资者高估企业价值，而非操纵性应计利润则不会导致市场投资者发生错误定价。另外Beneish和Vargus（2002）、Thomas和Zhang（2002）、Richardson et al.（2005）和Chi和Gupta（2009）等众多文献从关联方交易带来的巨额应收账款、存货计价方式和跌价准备计提比例等较易操纵的应计项目入手展开研究，证实应计利润质量越低，盈余持续性越弱，未来年度发生利润反转的可能性越大，但市场投资者并不能够进行准确判别，引发错误定价，进一步佐证了上述观点。

基于我国资本市场的经验数据，林翔和陈汉文（2005）首次发现了上市公司的应计盈余管理导致未来年度盈余持续性下降的证据，缺陷在于未能进一步考察市场投资者是否存在错误定价的行为。高荣婧等（2013）的研究证实投资者未能有效识别上市公司的盈余管理是应计异象产生的重要原因，且应计盈余管理程度越大，应计项目的错误定价程度越高。

2000年以来，随着真实活动盈余管理计量方法的提出和普及，真实活动盈余管理的市场反应研究开始出现，也取得了较丰富的研究结论。现有研究对真实盈余管理的市场反应尚未得出一致结论。Lin el al.（2006）为代表的学者认为，由于真实活动盈余管理会扭曲企业正常生产经营进程，导致未来年度的经营业绩出现滑坡，因此市场投资者在估值时将会对存在进行真实盈余管理嫌疑的企业进行折价，从而有效抵消企业虚增盈余带来的资本市场溢价效应。Chen et al.（2010）为代表的另一类研究则强调，由于部分投资者存在短视行为，且真实盈余管理引发的业绩滑坡不会在短期内显现，因此真实盈余管理带来的短期"繁荣"将导致市场投资者发生错误定价。

三、盈余管理对权益成本的影响

除上述从投资者是否会对盈余管理产生误定价，盈余管理的市场反应研究以外，也有学者从盈余管理是否会影响企业的权益成本进行了研究。Bhattacharya（2003）通过对应计利润的分解构建盈余不透明指标，研究发现权益资本成本与盈余透明程度显著负相关，表明处于信息劣势的投资者为了避免损失要求更高的回报。于李胜和王艳艳（2007）认为整体应计质量与权益资本成本呈负相关关系，提高应计质量能够降低权益资本成本。孙权（2013）研究发现上市公司管理层每调增1元的利润，权益资本成本会上升0.06元，说明上市公司为盈余管理付出了一定的权益资本代价。Kim和Sohn（2011）用美国公司的样本证实了公司的真实盈余管理及应计盈余管理均会带来股权融资成本的上升，但真实盈余管理对股权融资成本的正向影响更强。与此不同的是，罗琦和王悦歌（2015）基于公司成长性差异对真实活动盈余管理与权益资本成本之间的关系进行了研究，实证分析结果发现高成长性公司利用真实盈余管理向市场传递"好消息"的动机比较强烈，而且真实盈余管理也助推了公司声誉上升并使得权益资本成本下降；而低成长性上市公司实施真实盈余管理的负面影响较大，最终将导致其权益资本成本上升。真实盈余管理的积极作用表现为通过真实盈余管理调整后的利润能够提升公司形象，传递发展良好、价值较高的信息；而真实盈余管理的负面作用主要表现为扭曲了公司最优的生产、销售及研发的安排，容易出现库存积压、大量坏账等负面价值影响。成长性高的企业真实盈余管理的积极效应会大于负面效应，但成长性低的企业情况相反，即不太能够承担真实盈余管理高昂的实施成本。

四、盈余管理对信贷资源配置的影响

首先，盈余管理对企业债务资本的影响。基于银行以及债权人是否能够看穿企业进行盈余管理，国内外学者一般有两种不同意见。部分学者认为相关债权人能够看穿企业的盈余管理行为，因此债务资本会随着应计盈余管理程度的提高而增加。姚立杰和夏冬林（2009）研究发现盈余质量越高，债务成本越低。于静霞（2011）研究表明企业向上的盈余管理与其贷款成本正相关。Ge和Kim（2014）讨论了真实活动盈余管理对新发行债券的融资成本的影响，他们认为，一方面真实盈余管理损害了盈余质量，增加了经理人和债券持有者之间关于公司业绩的信息不对称程度，给公司未来的现金流带来了风险，因此，债券持有者会要求更高风险溢价来保障自身权益；另一方面，外部投资者很难辨别出其实活动盈余管理，他们将力度过大的销售折扣、过度的生产及过低的酌量性费用视为企业正常的经营策略、预期未来销量增加及效率增强的结果，而非一种人为操控。这种情况下，债券投资者很可能只看到真实盈余管理带来的现金流增加及业绩提高等暂时的好处，而忽略了隐形的利益损害对于目标收益率的负面影响。在实证部分，作者用发行时的债券收益率与国债收益率之差表示债券融资成本，得出了过度生产会损害债券的信用评级以及销售操控和过度生产与债券融资成本正相关的结论。另一部分学者则认为银行无法有效识别企业的盈余管理行为，因此不会对债务成本产生影响甚至产生负向影响。Liu et al.（2010）的研究发现市场并不能识别公司发行债券前的盈余管理行为，存在显著向上盈余管理的公司债务成本反而较低。刘文军和曲晓辉（2014）研究也表明银行并没有对盈余管理程度不同的企业在贷款利率上有所差异。

其次，盈余管理对企业获得贷款的影响。陆正飞等（2008）以长期借款为研究对象，研究发现盈余管理对银行的信贷决策并没有影响。马永强等（2014）发现企业通过盈余管理上调利润越多，得到的信贷资源越多；国有企业通过应计盈余管理获取信贷资源的现象更明显，非国有企业通过真实盈余管理获取信贷资源的现象更明显。这说明了企业通过盈余管理满足银行对自身盈利能力的要求，获取了更多的信贷资源，同时，我国银行对企业盈余管理行为的识别能力较为有限，盈余管理加大了银行的信贷风险。

最后，盈余管理对企业银行借款担保的影响。刘文军和曲晓辉（2014）通过使用2001年至2012年的1319笔银行借款数据，以操控性应计利润衡量盈余管理，实证检验发现，盈余管理与银行借款担保没有表现出显著的正相关关系，但在特定的条件下，公司盈余管理程度越高，银行借款需要担保的概率越大。特定条件主要包括银行预测到公司未来现金流较低，以及贷款银行处在金融市场发展水平较高的地区。

第三章

我国上市公司会计盈余回顾与评价

第一节　上市公司基本情况

我国的资本市场历经30年，从无到有、从小到大，到今天已然成为世界第二大规模的资本市场。上海证券交易所（以下简称沪市）成立于1990年11月26日，同年12月19日正式营业；深圳证券交易所（以下简称深市）创立于1990年12月1日，次年7月3日正式开业交易。最早期在沪深两股上市的企业共有七家，包括深市上市的世纪星源（股票代码000005，上市日期为1990年12月10日）和沪市上市的延中实业（股票代码600601，上市日期为1990年12月19日）、真空电子（股票代码600602，上市日期为1990年12月19日）、飞乐音响（股票代码600651，上市日期为1990年12月19日）、爱使电子（股票代码600652，上市日期为1990年12月19日）、申华电工（股票代码600653，上市日期为1990年12月19日）和飞乐股份（股票代码600654，上市日期为1990年12月19日）。经过近30年的发展，越来越多的企业得到上市融资，上市公司队伍迅速扩大，截至2019年6月末，沪深两市上市企业共有3,622家，其中深市上市企业有2,157家，沪市上市企业有1,465家（参考表3.1和图3.1）。

表3.1　我国沪深两市上市公司数量的历史变化

	深市上市公司数量	沪市上市公司数量	沪深上市企业数量
1990年	1	6	7
1991年	5	6	11
1992年	21	27	48
1993年	64	89	153
1994年	101	151	252
1995年	108	165	273

续表

	深市上市公司数量	沪市上市公司数量	沪深上市企业数量
1996年	195	260	455
1997年	309	340	649
1998年	357	390	747
1999年	407	432	839
2000年	455	515	970
2001年	456	593	1,049
2002年	457	660	1,117
2003年	457	726	1,183
2004年	496	786	1,282
2005年	508	788	1,296
2006年	560	802	1,362
2007年	661	827	1,488
2008年	732	833	1,565
2009年	822	841	1,663
2010年	1,143	868	2,011
2011年	1,385	907	2,292
2012年	1,514	933	2,447
2013年	1,515	934	2,449
2014年	1,596	977	2,573
2015年	1,729	1,067	2,796
2016年	1,853	1,170	3,023
2017年	2,076	1,385	3,461
2018年	2,124	1,442	3,566
2019年	2,157	1,465	3,622

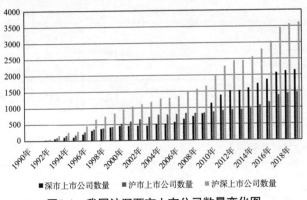

图3.1 我国沪深两市上市公司数量变化图

　　资本市场发展到现在，除了上市公司数量迅速增加以外，上市公司门类也越来越齐全。表3.2反映我国上市公司的行业分布。按照行业分布来看，目前在沪深股市上市的3,622家企业中占比最大的是制造业2,281家企业，制造业大类中上市数量最多的具体行业为计算机、通信和其他电子设备制造业，上市数量为347家，化学原料及化学制品制造业和电气机械及器材制造业紧随其后，分别为236家和227家。目前居民服务、修理和其他服务业上市企业只有一家企业——百邦科技。

表3.2 目前我国上市公司行业分布

	沪市	深市	共
采矿业	50	27	77
电力、热力、燃气及水生产和供应业	64	45	109
房地产业	67	56	123
建筑业	48	48	96
交通运输、仓储和邮政业	72	32	104
教育	2	4	6
金融业	66	31	97
居民服务、修理和其他服务业	0	1	1

续表

	沪市	深市	共
科学研究和技术服务业	20	33	53
农、林、牧、渔业	15	26	41
批发和零售业计数	98	67	165
水利、环境和公共设施管理业	17	32	49
卫生和社会工作	3	7	10
文化、体育和娱乐业	26	32	58
信息传输、软件和信息技术服务业	60	209	269
制造业	822	1,459	2,281
其中：电气机械及器材制造业	71	156	227
纺织服装、服饰业	16	21	37
纺织业	18	21	39
非金属矿物制品业	35	49	84
废弃资源综合利用业	2	4	6
黑色金属冶炼及压延加工	20	11	31
化学纤维制造业	9	15	24
化学原料及化学制品制造业	85	151	236
计算机、通信和其他电子设备制造业	88	259	347
家具制造业	15	9	24
金属制品业	19	39	58
酒、饮料和精制茶制造业	27	15	42
木材加工及木、竹、藤、棕、草制品业	4	4	8
农副食品加工业	15	34	49
皮革、毛皮、羽毛及其制品和制鞋业	8	3	11
其他制造业	9	11	20

续表

	沪市	深市	共
汽车制造业	62	68	130
石油加工、炼焦及核燃料加工业	10	6	16
食品制造业	26	21	47
铁路、船舶、航空航天和其他运输设备制造业	26	22	48
通用设备制造业	38	93	131
文教、工美、体育和娱乐用品制造业	2	12	14
橡胶和塑料制品业	20	55	75
医药制造业	74	145	219
仪器仪表制造业	8	37	45
印刷和记录媒介复制业	5	8	13
有色金属冶炼及压延加工	27	40	67
造纸及纸制品业	14	14	28
专用设备制造业	69	136	205
住宿和餐饮业	3	6	9
综合	16	7	23
租赁和商务服务业	16	35	51
共	1,465	2,157	3,622

第二节　上市公司规模的历史变化及行业分布

一、上市公司资产规模的历史变化及行业分布

（一）上市公司资产规模的历史变化

随着资本市场的扩大和发展，在沪深股市上市的上市公司的规模也逐渐增大。表3.3列示了我国沪深两股上市公司资产规模的历史变化，图3.2是上市公司平均资产的年度变化图。根据数据可以看出以下几点：（1）沪深股市开市初期，上市公司的规模较小，1991年末沪深股市上市公司中，资产总额最小的0.09亿元，规模最大的企业总资产约43.54亿元，平均值为3.37亿元，中位数为1.44亿元。（2）在20世纪90年代上市企业规模得到缓慢增长，在此期间上市公司总资产的平均值增加4倍。（3）在2000年，上市企业的规模得到质的增长，上市公司平均总资产由2000年初的17.59亿元，增加至2010年末的341.43亿元，增幅为1,800％。（4）近十年上市公司规模持续稳步上升，其间资产总额的均值翻一倍，至2018年底上市公司平均总资产为670.09亿元，资产规模最大的上市公司为工商银行，总资产达到276,995.40亿元。

表3.3　我国上市公司资产规模的历史变化　　　单位：百万人民币

	均值	中值	标准差	极小值	极大值
1991	337	144	622	9	4,354
1992	550	247	1,143	0	11,565
1993	638	328	1,301	14	15,362
1994	737	344	1,557	19	18,034
1995	798	380	1,661	29	20,312

续表

	均值	中值	标准差	极小值	极大值
1996	1,011	471	2,915	47	65,067
1997	1,171	581	3,289	15	81,640
1998	1,421	713	3,859	28	87,338
1999	1,759	813	6,438	59	156,606
2000	4,993	982	75,459	53	2,531,695
2001	5,814	1,048	81,063	49	2,752,372
2002	9,209	1,167	121,376	59	3,083,195
2003	16,753	1,294	210,554	51	4,560,174
2004	17,812	1,291	223,626	36	5,072,874
2005	20,652	1,300	260,249	27	6,457,239
2006	21,989	1,282	282,634	0	7,509,118
2007	22,578	1,170	296,087	0	8,684,288
2008	23,900	1,118	327,956	0	9,757,654
2009	28,683	1,251	398,100	0	11,785,053
2010	34,143	1,655	460,995	0	13,458,622
2011	33,858	1,569	484,167	2	15,476,868
2012	36,437	1,658	527,531	5	17,542,217
2013	39,030	1,813	566,138	6	18,917,752
2014	43,656	2,065	616,817	3	20,609,953
2015	50,042	2,580	680,821	9	22,209,780
2016	57,151	3,183	756,824	53	24,137,265
2017	62,086	3,785	809,346	54	26,087,043
2018	67,009	4,060	863,653	46	27,699,540

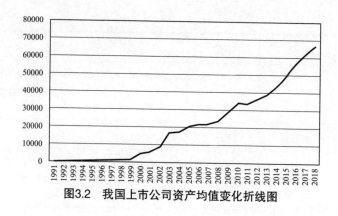

图3.2 我国上市公司资产均值变化折线图

（二）上市公司资产规模的行业分布

沪深股市上市企业中，由于行业不同，上市公司的规模也呈现出一定的偏差。以2018年底为标准，我国上市公司总资产的行业分布如表3.4所示。由表可知，金融业的资产规模最大，其平均值为18,701.51亿元，采矿业、房地产和建筑业紧随其后，平均值分别为888.48亿元、825.85亿元和803.37亿元。规模最小的行业为居民服务、修理和其他服务业，资产规模为4.71亿元，教育行业的资产规模也比较小，平均资产为42.02亿元。另外，采矿业、建筑业和金融业的企业规模偏差较大，卫生和社会工作行业和文化、体育和娱乐业的企业规模的偏差较少。

表3.4 我国上市公司总资产的行业分布　　单位：百万人民币

	均值	中值	标准差	极小值	极大值
采矿业	88,848	12,932	334,873	159	2,432,558
电力、热力、燃气及水生产和供应业	37,086	11,002	72,609	857	403,441
房地产业	82,585	18,853	193,699	189	1,528,579
建筑业	80,337	9,242	260,181	143	1,861,840
交通运输、仓储和邮政业	31,755	10,469	54,194	629	246,655
教育	4,202	3,831	1,539	3,008	7,202

续表

	均值	中值	标准差	极小值	极大值
金融业	1,870,151	155,460	4,947,206	920	27,699,540
居民服务、修理和其他服务业	471	471	—	471	471
科学研究和技术服务业	3,591	2,551	4,730	343	25,865
农、林、牧、渔业	6,497	3,554	9,671	299	53,950
批发和零售业	16,668	6,610	30,796	234	217,454
水利、环境和公共设施管理业	7,904	4,703	10,211	922	56,690
卫生和社会工作	6,916	5,793	4,465	2,133	16,355
文化、体育和娱乐业	7,543	4,511	6,282	396	23,726
信息传输、软件和信息技术服务业	6,826	2,710	33,325	107	541,762
制造业	9,680	3,262	29,098	46	782,770
住宿和餐饮业	8,367	3,090	12,999	88	40,133
综合	8,217	4,380	8,381	615	29,850
租赁和商务服务业	16,540	5,931	42,023	178	285,819

二、上市公司营业额的历史变化及行业分布

（一）上市公司营业收入的历史变化

理论上，资产规模的扩大应带来营业额的增加。企业的营业收入的增幅大于同期资产的增幅意味着资产的周转变快，提高企业的运营效率；相反，营业收入的增幅小于资产的增幅反映资产使用效率的下降，降低企业的经营效率。1991年至2018年间，我国沪深上市企业的营业额的平均值由3.10亿元上升到125.44亿元，增幅为3,946%，由表3.5和图3.3看出，2000年以后的营业收入的增加幅度大于资本市场开业初期。与此同时，我们还发现，营业收入的偏差也

逐步扩大，意味着上市企业间的营业额的差异较大。

通过营业额的变化和资产规模的变化相比较发现，在过去三十年间，我国上市公司营业额尽管实现了大幅度增加，但是其增幅小于总资产的增幅，上市公司整体的运营效率有所下降。这种现象可能有以下几个原因引起的。（1）企业的运营效率下降；（2）与资本市场开创期相比，上市公司的行业分布越来越广，企业的业务模式和盈利模式多样化，企业间的差距加大；（3）随着规模的增加，上市公司间规模的偏差也同步加大，营业收入的简单平均值和市场的加权平均收入之间存在一定的出入；（4）2007年开始实施的企业会计准则引入公允价值，公允价值的计量引起资产规模的增加；（5）目前，资本市场上的企业收购和合并事项越发普遍，并且合并事项中非同一控制下的企业合并比例逐步增加，企业会计准则要求非同一控制下的企业合并使用购买法进行账务处理，导致资产账面价值的增加。

表3.5　我国上市公司营业收入规模的历史变化　　　**单位：百万人民币**

	均值	中值	标准差	极小值	极大值
1991	310	139	586	2	4,387
1992	366	162	622	0	5,177
1993	595	199	4,249	0	90,444
1994	586	221	3,080	4	77,252
1995	547	261	970	−31	12,061
1996	603	284	1,044	−98	12,204
1997	669	314	1,367	−7	25,289
1998	886	333	5,984	−52	190,220
1999	993	367	7,034	−30	231,047
2000	1,451	413	11,877	0	322,932
2001	1,488	450	11,054	0	304,347
2002	1,804	516	11,722	0	324,184

续表

	均值	中值	标准差	极小值	极大值
2003	2,540	611	15,560	0	417,191
2004	3,141	663	19,974	−238	590,632
2005	3,748	706	26,057	−9	799,115
2006	4,380	774	31,900	−3	1,061,669
2007	4,847	783	34,797	0	1,204,843
2008	5,190	754	40,285	−467	1,452,101
2009	5,230	778	38,211	0	1,345,052
2010	7,007	1,035	53,281	0	1,913,182
2011	7,356	1,000	63,209	0	2,505,683
2012	7,513	984	67,308	0	2,786,045
2013	7,933	1,033	69,267	1	2,880,311
2014	8,414	1,139	69,997	0	2,825,914
2015	8,644	1,253	58,622	4	2,018,883
2016	9,389	1,511	58,572	5	1,930,911
2017	11,158	1,828	69,360	11	2,360,193
2018	12,544	2,037	79,912	1	2,891,179

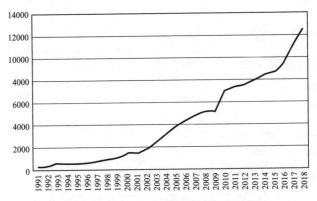

图3.3　我国上市公司营业收入变化折线图

（二）上市公司营业收入的行业分布

上市公司营业额的行业分布来看（参考表3.6），金融业的营业收入额最大，平均值为752.26亿元，与其资产规模一致，是名副其实的规模最大的行业。采矿业和建筑业的营业额的平均值分别为880.21亿元和503.26亿元，营业规模比较大。但是房地产业的营业收入的平均值为169.18亿元，相较于其资产规模，营业收入少，这与近几年我国实施的房地产调控政策，房地产业的收入萎缩的经济现状有关。另外，批发和零售业的营业收入的平均值为237.97亿元，相比其资产规模，收入较大，意味着资产周转快，也反映商业企业的业务特点。

表3.6 我国上市公司营业收入的行业分布   单位：百万人民币

	均值	中值	标准差	极小值	极大值
采矿业	88,021	5,429	423,543	12	2,891,179
电力、热力、燃气及水生产和供应业	10,589	3,119	22,305	83	169,861
房地产业	16,918	3,645	45,848	12	348,732
建筑业	50,326	4,146	171,115	37	1,199,325
交通运输、仓储和邮政业	13,970	4,508	28,035	170	143,623
教育	2,333	1,775	2,112	265	6,237
金融业	75,226	6,851	180,504	48	976,832
居民服务、修理和其他服务业	631	631		631	631
科学研究和技术服务业	1,739	945	2,092	95	9,614
农、林、牧、渔业	3,822	1,473	9,017	43	57,244
批发和零售业	23,797	7,776	51,070	20	336,472
水利、环境和公共设施管理业	2,503	1,072	3,134	179	13,045
卫生和社会工作	3,716	2,252	3,063	53	8,458
文化、体育和娱乐业	3,488	1,729	3,651	313	14,088

续表

	均值	中值	标准差	极小值	极大值
信息传输、软件和信息技术服务业	3,635	1,185	18,731	25	290,877
制造业	6,868	1,755	27,321	1	902,194
住宿和餐饮业	3,855	1,036	5,132	30	14,697
综合	2,402	1,537	3,269	29	11,768
租赁和商务服务业	12,826	2,869	34,126	105	234,008
总计	12,544	2,037	79,912	1	2,891,179

第三节　上市公司盈余回顾

一、上市公司会计盈余的历史变化

我国沪深两股上市公司的会计盈余的变化情况列于表3.7，其中panel A反映净利润的历史变化，panel B表示营业利润的历史变化，另通过图3.4直观地反映净利润和营业利润均值的历史变化。根据表和图可以看出：（1）上市公司的净利润和营业利润在股市开市早期上升幅度较少，21世纪的利润的上升幅度显著大于90年代。（2）过去的三十年来，我国上市公司的净利润和营业利润是同步同向变化的，意味着企业的盈利来源是可靠的生产经营活动，并非是无持续性的营业外收支。（3）利润的历史变化过程中出现过几次拐点，如2001-2002年、2008年、2011年都不同程度表现出利润的下降，这与经济危机或新政策的推出时点相一致，反映企业利润受到政策变化、经济危机等大环境的影响。（4）由于上市企业数量增加、企业规模不断扩大，上市公司类型和盈利模式的多样化，企业间的净利润和营业利润的偏差也逐步增加。

表3.7　我国上市公司利润规模的历史变化　　　　单位：百万人民币

Panel A 净利润的变化				
	均值	中值	标准差	极小值	极大值
1991	32	10	96	0	954
1992	42	16	123	−348	1,298
1993	54	24	106	−35	1,164
1994	60	28	124	−26	1,890
1995	57	29	118	−258	2,132

续表

	均值	中值	标准差	极小值	极大值
Panel A 净利润的变化					
1996	61	35	111	−235	1,675
1997	68	41	146	−518	2,612
1998	63	42	158	−1,055	2,004
1999	76	40	259	−973	7,166
2000	140	43	1,479	−1,013	46,850
2001	110	34	1,198	−2,258	39,303
2002	121	34	1,207	−3,406	39,220
2003	205	36	2,077	−1,479	63,088
2004	290	34	3,174	−3,686	98,964
2005	320	30	3,899	−3,783	133,244
2006	384	38	4,106	−3,519	142,747
2007	538	55	4,499	−1,052	143,494
2008	418	45	4,441	−14,046	125,946
2009	516	61	4,790	−6,737	129,350
2010	716	83	6,295	−2,740	166,025
2011	692	77	6,792	−8,839	208,445
2012	658	69	7,223	−10,455	238,691
2013	724	72	7,859	−5,919	262,965
2014	770	79	8,113	−17,049	276,286
2015	799	88	8,028	−7,411	277,720
2016	864	115	8,164	−16,115	279,106
2017	1,024	136	8,658	−18,184	287,451
2018	1,025	131	9,237	−6,978	298,723

Panel B 营业利润的变化				
	均值	中值	标准差	极小值	极大值
1991	35	12	106	0	1,011
1992	66	15	327	0	3,883
1993	62	29	120	−35	1,369
1994	53	21	125	−25	2,223
1995	66	34	143	−255	2,657
1996	71	40	135	−206	1,964
1997	79	45	183	−334	3,384
1998	71	45	182	−1,032	2,326
1999	86	43	292	−985	7,547
2000	193	48	2,353	−1,000	75,024
2001	153	40	1,809	−2,028	59,115
2002	187	41	1,970	−2,804	63,931
2003	305	43	3,138	−1,472	96,037
2004	411	42	4,518	−3,677	141,712
2005	456	37	5,544	−3,109	189,369
2006	521	44	5,614	−3,904	192,325
2007	710	57	6,255	−938	193,958
2008	461	46	5,435	−26,066	149,332
2009	632	65	6,162	−6,379	165,994
2010	873	89	8,083	−2,530	214,487
2011	850	82	8,741	−6,806	271,000
2012	804	72	9,281	−9,887	307,458
2013	884	76	9,969	−5,850	337,046
2014	945	82	10,511	−16,818	359,612
2015	980	90	10,357	−9,285	359,535
2016	1,041	121	10,251	−16,012	360,315
2017	1,271	162	10,735	−17,408	361,842
2018	1,311	156	11,504	−6,054	371,187

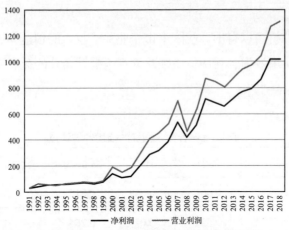

图3.4 我国上市公司利润均值变化的折线图

二、上市公司会计盈余指标的分布

上市公司的利润额应结合收入、资产或净资产规模分析才能更加准确地评价企业的盈利能力。表3.8列示了各项盈利指标的统计量。我国上市企业的销售净利率的均值和中值分别为0.061和0.069；销售营业利润率的均值和中值为0.055和0.074；销售毛利率的均值为0.251，中值为0.222；同时还发现销售净利率、销售营业利润率和销售毛利率的极小值都异常小，极大值超过1。从这些数据可以看出，上市企业盈利偏差较大，有盈利能力好的企业也有盈利能力极差的企业，但大部分企业是盈利的，且盈利水平维持在正常水平，并且毛利率高于营业利润率和净利率，营业利润率和净利率相接近，可以推断大部分企业的盈利来源还是正常的生产经营活动。通过观察总资产净利率和净资产净利率、总资产营业利润率和净资产营业利润率、总资产毛利率和净资产毛利率，发现净资产利润率普遍高于总资产利润率，意味着大部分上市企业举债经营是成功的。再比较分析总资产净利率和销售净利率、总资产营业利润率和销售营业利润率、总资产毛利率和销售毛利率，发现资产利润率大于或接近销售利润率，可以判断出资产周转率大于1。另外，上市企业的基本每股收益和稀释每股收益均值大于0且各项统计量相近，如均值分别为0.358和0.350，中值分别为0.264和0.259，意味着配股、债转股、股权激励等措施对于每股收益的稀释作用较少。

综合以上分析可以得出，我国上市企业除了收入的创造和成本的控制，还通过提高资产使用效率、利用负债经营等方式提升企业的盈利能力，并且净资产利润率维持较高水平。

表3.8　会计盈余指标的描述性统计量

	均值	中值	标准差	极小值	极大值
销售净利率	0.061	0.069	0.513	−9.730	9.942
销售营业利润率	0.055	0.074	0.764	−78.517	39.077
销售毛利率	0.251	0.222	0.257	−37.118	2.336
总资产净利率	0.089	0.042	3.137	−39.319	418.989
总资产营业利润率	0.102	0.046	3.785	−38.032	553.749
总资产毛利率	0.234	0.123	5.971	−1.187	874.171
净资产净利率	0.175	0.081	8.211	−193.748	1,212.941
净资产营业利润率	0.182	0.088	9.274	−267.307	1,523.583
净资产毛利率	0.405	0.240	17.629	−607.543	3,298.694
基本每股收益'	0.358	0.264	0.606	−14.540	21.560
稀释每股收益'	0.350	0.259	0.596	−14.540	21.560

除了以上统计量的分析以外，本文观察了盈利指标的分布情况，如图3.5-3.11。通过频率图发现，不管是销售利润率（包括销售净利率、销售营业利润率、销售毛利率），还是总资产利润率（包括总资产净利率、总资产营业利润率、总资产毛利率），在0阈值点右侧的频率明显比正常正态分布值高；图3.11的基本每股收益和图3.12稀释每股收益的不同区间宽度的柱状图可以看出，每股收益介于[0,0.05）之间的样本数明显大于其他区间的样本数，也高于正态分布图。盈利指标的分布图与Burgstahler和Dichev（1997），张然（2007）等研究结论相一致，即0阈值点左侧的企业存在避免亏损而进行盈余管理。

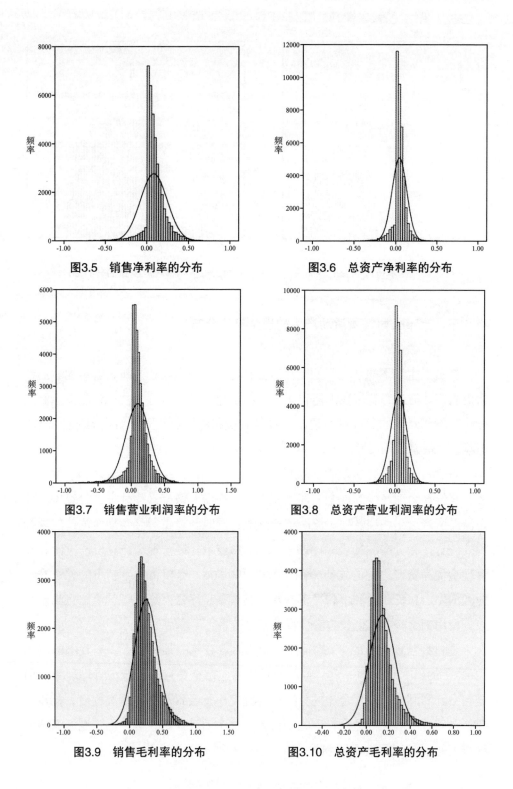

图3.5　销售净利率的分布

图3.6　总资产净利率的分布

图3.7　销售营业利润率的分布

图3.8　总资产营业利润率的分布

图3.9　销售毛利率的分布

图3.10　总资产毛利率的分布

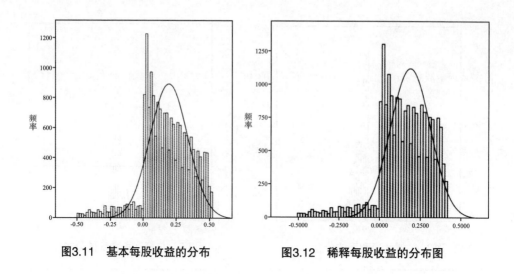

图3.11　基本每股收益的分布　　　图3.12　稀释每股收益的分布图

三、上市公司经营活动产生的现金流的分布

权责发生制下的会计利润往往需要会计人员作出职业判断，客观的职业判断提高会计信息的有用性，但也比较容易引起盈余管理行为。与权责发生制的核算基础相对应的是收付实现制，收付实现制不符合收入和费用的配比原则，影响会计信息的相关性，但是也有不容易操纵的优点。

本文考查了收付实现制下的利润，即经营活动产生的现金流。为了便于比较，将经营活动产生的现金流通过总资产和净资产做标准化处理，计算出净现金流总资产之比和经营现金流净资产之比，同时计算每股经营现金流。三项指标的统计量和分布图如表3.9和图3.12、3.13表示。经营现金流总资产之比和经营现金流净资产之比的均值分别为0.072和0.106，比权责发生制下的总资产营业利润率、总资产净利率和净资产营业利润率、净资产净利率偏小，意味着与应计费用相比，上市企业的应计收入相对较多。

通过经营现金流的分布图看出，0阈值点右侧的频率较大，与我国的张然（2007）的研究结果相一致，可以判断我国上市企业存在现金流管理现象，但是与会计利润相比，现金流的分布偏离程度小于会计利润的偏离程度，初步判断通过应计利润进行盈余管理的动机大于真实活动盈余管理，应计利润盈余管理难度低于真实活动盈余管理。

表3.9 现金利润指标的描述性统计量

	均值	中值	标准差	极小值	极大值
经营现金流总资产之比	0.072	0.048	4.753	−558.943	516.855
经营现金流净资产之比	0.106	0.088	8.215	−1,265.615	422.761
每股经营现金流	0.352	0.256	1.689	−128.718	128.415

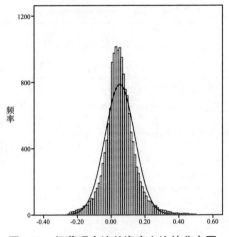 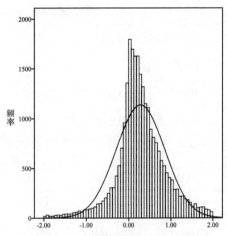

图3.13 经营现金流总资产之比的分布图   图3.14 每股经营现金流的分布图

四、上市公司会计盈余与现金利润的差异

为了比较分析会计利润与经营现金流的差异，本文计算应计利润，并观察应计利润的年度变化。应计利润的计算及比较过程如下：

首先，通过营业利润和经营活动现金流的差异，计算企业的应计利润总额。

应计利润总额 = 当期营业利润 − 当期经营活动产生的现金流净额

其次，为了便于比较，将应计利润总额与期初资产总额相除，计算出应计利润。

应计利润 = 应计利润总额 / 期初资产总额的账面价值

最后，将应计利润分年度计算均值、中值、标准差、极小值和极大值等统计量。

应计利润的年度变化列于表3.10，均值和中值的年度变化由图3.14表达。

应计利润的均值和中值在0值上下，有正有负，反映应计利润的逆转的特点，即在前期进行盈余管理，将应计利润提高（或降低），那么在后期应计利润会自动降低（或提高）。2009年度和2011年度的应计利润均值很大，中值与其他年份无太大区别，意味着在这两个年度报告正应计利润的企业其正向应计利润额度高。

表3.10　应计利润的年度变化

会计期间	均值	中值	标准差	极小值	极大值
1998	−0.051	0.030	2.482	−75.436	0.449
1999	0.007	0.007	0.103	−0.620	0.745
2000	0.002	0.001	0.112	−0.717	0.928
2001	−0.016	−0.012	0.112	−0.894	0.865
2002	−0.029	−0.025	0.122	−1.971	0.765
2003	−0.016	−0.014	0.145	−1.100	1.988
2004	−0.024	−0.019	0.115	−0.821	0.503
2005	−0.037	−0.033	0.102	−0.749	0.625
2006	−0.030	−0.025	0.164	−4.571	0.691
2007	−0.063	−0.007	1.484	−53.396	0.955
2008	−0.063	−0.023	1.581	−59.071	15.295
2009	0.560	−0.027	25.808	−22.788	1112.693
2010	−0.046	0.010	2.344	−98.274	3.398
2011	0.219	0.024	10.163	−266.134	369.166
2012	0.048	−0.002	2.256	−2.662	113.795
2013	−0.001	0.000	0.447	−13.666	6.527
2014	0.007	−0.003	0.268	−1.278	12.736
2015	−0.002	−0.010	0.237	−3.122	5.459
2016	0.023	−0.007	0.688	−2.389	31.488

续表

会计期间	均值	中值	标准差	极小值	极大值
2017	0.025	0.015	0.114	−1.448	1.908
2018	0.033	−0.005	6.262	−266.134	1112.693

注：由于我国从1998年开始引入现金流量表，因此无法计算1998之前的应计利润数据。

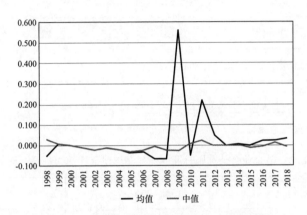

图3.15　应计利润的均值与中值的年度变化图

表3.11表示会计利润与现金流润的差异检验结果，其中Panel A是1998—2018年间的会计利润与现金利润的差异检验结果，Panel B和Panel C分别表示前准则时期和后准则时期，即2007年之前和2007年及以后会计利润与现金利润的差异检验结果。首先，通过Panel A发现，过去20年间，营业利润总额小于经营活动现金流总额，并且在1%水平下显著，与会计信息的谨慎性原则相一致。其次，通过企业规模标准化的指标，如总资产营业利润率和经营现金流总资产之比，每股营业利润和每股经营活动现金流，在实施企业会计准则之前的会计利润的指标显著小于现金利润指标，而实施新准则之后的指标在统计上并不显著，意味着旧准则体系的会计处理比新准则时期更加谨慎，这主要是因为新企业会计准则引入公允价值而产生一定的应计利润，并且在物价上升期公允价值调整引起会计利润的增加，使会计利润与现金利润趋于一致，新准则缓解会计的谨慎性，提高会计信息的相关性。

表3.11 会计利润与现金利润的差异检验

Panel A：1998-2018年间会计利润与现金利润的差异检验结果				
	均值	均值差异	t值	p值
营业利润	788	−462	−6.422	0.000
经营现金流	1250			
总资产营业利润率	0.090	0.015	0.463	0.643
经营现金流总资产之比	0.076			
每股营业利润	0.403	0.016	1.254	0.210
每股经营现金流	0.387			
Panel B：前企业会计准则时期会计利润与现金利润的差异检验结果				
营业利润	158	−143	−4.434	0.000
经营现金流	300			
总资产营业利润率	0.035	−0.025	−3.759	0.000
经营现金流总资产之比	0.061			
每股营业利润	0.416	−0.602	−1.944	0.071
每股CFO	1.018			
Panel C：后企业会计准则时期会计利润与现金利润的差异检验结果				
营业利润	1,052	−596	−5.889	.000
经营现金流	1,647			
总资产营业利润率	0.114	0.031	.702	.483
经营现金流总资产之比	0.082			
每股营业利润	0.403	0.017	1.281	.200
每股CFO	0.386			

第四节　本章小结

本章回顾了我国上市公司30年的发展历程，分析了会计盈余和现金利润的历史变化，总结以下结论。

首先，我国的资本市场从无到有，从小到大，历经30年的发展，上市融资的企业数量逐年增加，已有近4000家企业通过主板市场实现融资，为企业的发展创造融资渠道。

其次，上市企业规模越来越大，行业分布越来越广。过去30年间，我国企业通过上市的方式获得融资，并得到快速的发展，发育很多大规模的、具有国际竞争力的企业和企业集团。上市融资的企业涉及各行各业，盈利模式多样，越来越多的具有潜力的企业通过资本市场解决融资问题。

再次，上市企业的利润规模逐步提高，销售净利润的平均值为正，并维持在合理的水平，上市融资促进企业的发展，形成良性循环，有利于建设健康的市场秩序。

另外，毛利润、营业利润和净利润的变化方向相一致，意味着上市融资的企业的主要盈利来源为正常的生产经营活动，有利于企业的可持续的发展。

最后，本章发现，会计盈余和现金流在0阈值点出的不平滑现象，并且此现象在会计盈余的分布中更加明显。本文可以判断，我国资本市场上存在避免亏损的盈余管理动机，并且通过应计利润的盈余管理比真实活动盈余管理更加普遍。此外，本章还发现，实施新企业会计准则后会计利润与现金利润的差异减少，会计信息的谨慎性弱化，相关性提高，但在此过程中有必要通过加强监管的方式确保会计信息的可靠性。

第四章

上市公司盈余管理案例——应计项目盈余管理

本章主通过案例研究方法，根据报表之间的钩稽关系构建毛利润操纵识别模型，深入分析上市企业的应计项目盈余管理现象。为此，本章选取连续两年亏损而面临退市风险的沪市上市公司——A公司为研究对象，分析其毛利率较前、后年度异常上涨的原因，验证企业是否通过毛利润进行盈余管理。A公司于2××7年度首次亏损，2××8年度亏损规模加大，2××9年度扭亏为盈，不仅避免退市，还成功摘下ST的帽子。在此过程中，毛利润是扭亏的最大功臣，相比2××8年度，2××9年度的营业收入增加，营业成本反而减少，因此毛利率由2××8年度的26.82%上升到35.13%，得到投资者的青睐。但是扭亏后的两个年度其毛利率又逐步回落到30%以内，表现异常。2××9年A公司优异的财务表现到底是盈利能力质的飞跃，还是另有原因，值得我们去研究。

第一节　研究设计

为了研究毛利润的操纵，本章从营业收入和营业成本分别构建毛利操纵识别模型。

一、营业收入估计模型

当期的营业收入分为现金收入和赊销收入，含增值税的现金收入反映在现金流量表中的销售商品或提供劳务收到的现金项目（CI_t）；含增值税的赊销收入则反映在应收账款和应收票据（统称应收款项）的增加（ΔREC_t）上；同时，销售商品或提供劳务收到的现金包含未确认为本期营业收入的预收款的增加额（ΔUER_t）。根据以上逻辑关系，含税的现金收入（CI_t），应收款项的增加额（ΔREC_t）和预收款项的减少额（$-\Delta UER_t$）的总和，再考虑增值税税率

（1+TR），可以推导出本期营业收入（EST_SALES_t）。

$$EST\_SALES_t = (CT_t + \Delta REC_t - \Delta UER_t) / (1+TR) \qquad （公式1）$$

其中，

EST_SALES_t：根据报表之间的勾稽关系推导的t期的营业收入

CT_t：t期销售商品或提供劳务收到的现金

ΔREC_t：t期应收款项的增加额

ΔUER_t：t期预收款项的增加额

TR：销售的商品的增值税税率

二、营业成本估计模型

存货（INV）作为资产类账户，期初余额（INV_{t-1}），本期借方发生额（$INCREASASE_t$），本期贷方发生额（$DECREASE_t$）及期末余额（INV_t）遵循以下等式关系。

$$INV_t = INV_{t-1} + INCREASASE_t - DECREASE_t \qquad （公式2）$$

根据上述等式得出，存货的本期减少额等于本期增加额和存货变动额（ΔINV_t）的差。

$$DECREASE_t = INCREASASE_t - (INV_t - INV_{t-1})$$
$$= INCREASASE_t - \Delta INV_t \qquad （公式3）$$

本期增加的存货，主要分为购入的原材料（MAT_t），归集到生产成本的直接人工（CGS_COMP_t）和生产用固定资产的折旧费用（CGS_DEP_t）。根据现金流量表和资产负债表的钩稽关系，本期购入的含税原材料总额可以表示为购买商品或劳务支付的现金（CO_t），应付款的增加额（ΔPAY_t），预付款的减少额（$-\Delta PRE_t$）的总和。由于原材料采购成本中的增值税可按照进项税额抵扣，含税金额再除以（1+增值税税率）的金额（MAT_t）反映在存货的增加中。根据以上逻辑，将公式3转化为以下公式4。

$$DECREASE_t = MAT_t + CGS\_DEP_t + CGS\_COMP_t - \Delta INV_t$$
$$= MAT_t + \Delta INV_t + CGS\_DEP_t + CGS\_COMP_t$$
$$= (CO_t + \Delta PAY_t - \Delta PRE_t) / (1+TR') - \Delta INV_t$$

$$+ CGS\_DEP_t + CGS\_COMP_t \qquad （公式4）$$

存货的减少主要有产成品的销售，存货的跌价或盘亏。由于存货的跌价和盘亏为偶发事件，其在整体减少额中所占的比重少，存货的减少额近似等于产成品的销售，即营业成本，由此推导营业成本（EST_COGS_t）。

$$EST\_COGS_t = （CO_t + \Delta PAY_t - \Delta PRE_t）/（1+TR'）- \Delta INV_t$$
$$+ CGS\_DEP_t + CGS\_COMP_t \qquad （公式5）$$

其中，

EST_COGS_t：根据报表之间的勾稽关系推导的t期的营业成本

$INCRESASE_t$：t期存货增加额

$DECREASE_t$：t期存货减少额

INV_t：t期存货期末余额

INV_{t-1}：t期存货期初余额

ΔINV_t：t期存货的变动额

MAT_t：t期购入的不含税原材料成本

CGS_DEP_t：t期归集到生产成本的固定资产折旧费用

CGS_COMP_t：t期归集到生产成本的直接人工

CO_t：t期购买商品或劳务支付的现金

ΔPAY_t：t期应付款的增加额

ΔPRE_t：t期预付款的增加额

TR'：原材料增值税税率

第二节 案例选择及数据收集

一、案例选择

案例企业的选择上，本章考虑案例企业的典型性和研究数据的可获取性，选择具有强烈盈余管理动机，并且毛利润异常波动的企业——A公司为研究案例。根据《上海证券交易所股票上市规则》和《深圳证券交易所股票上市规则》，A公司继2××7、2××8年连续亏损冠以退市风险警示后，如2××9年度再次亏损，将面临退市风险。此时，为摆脱ST帽子并避免退市，A公司具有盈余管理的动机。经分析企业财务报表可发现，A公司并无会计政策变更，线下项目、投资收益、资产减值损失等其他企业常用的盈余管理项目均未显异常。然而，A公司2××9年度的毛利率较前后几年高出5个百分点，变化异常。

表4.1表示A公司2××7—2××11年度的利润表项目。A公司在2××8年度巨额亏损的情况下，2××9年成功扭亏并且实现了665,268,328元的净利润。2××9年度，A公司的营业收入大幅增加，较前一年增加2,664,957,227元，增幅为12.30%；而营业成本却减少71,069元，降幅0.45%，毛利率由26.82%上升到35.13%，毛利率上升近31%（参考表4.2和图4.1）。

表4.1 2××7—2××11年度A公司利润表　　　　单位：人民币元

	2××7年度	2××8年度	2××9年度	2×10年度	2×11年度
营业收入	19,359,694,865	21,658,590,273	24,323,547,500	29,664,987,261	37,451,372,249
营业成本	14,347,272,657	15,849,142,906	15,778,073,723	20,686,308,840	26,485,666,175
营业税金及附加	82,608,269	121,515,779	108,832,765	87,784,887	232,922,279
销售费用	3,911,268,087	5,532,389,959	6,496,091,519	6,807,067,269	7,290,955,387

续表

	2××7年度	2××8年度	2××9年度	2×10年度	2×11年度
管理费用	884,390,861	1,915,430,909	1,190,963,078	1,520,809,073	1,970,693,655
财务费用	29,153,008	14,454,502	22,402,706	−20,707,549	−49,159,439
资产减值损失	17,439,150	295,682,527	76,895,264	−10,195,677	28,112,646
投资收益	−2,880,526	20,014,446	15,125,116	11,767,495	253,824,701
营业利润	84,682,308	−2,050,011,863	665,413,562	605,687,911	1,746,006,246
营业外收入	121,434,688	218,705,101	209,232,829	302,361,422	421,321,006
营业外支出	99,724,812	124,336,598	62,769,541	54,425,773	30,911,032
利润总额	106,392,184	−1,955,643,360	811,876,850	853,623,560	2,136,416,220
所得税费用	110,955,474	−218,932,441	146,608,522	57,860,825	303,978,871
净利润	−4,563,290	−1,736,710,919	665,268,328	795,762,735	1,832,437,349

表4.2　2××7—2×11年度A公司毛利率变化

	2××7年度	2××8年度	2××9年度	2×10年度	2×11年度
毛利率	25.89%	26.82%	35.13%	30.27%	29.28%
毛利率增长率	−6.55%	3.60%	30.98%	−13.85%	−3.26%

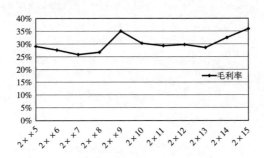

图4.1　A公司近10年企业毛利率变化折线图

二、企业简介

A公司是一家制造业企业，最早由国有企业发展而来，1992年12月进行股份制改造，设立集团，于1996年成功登陆A股市场，并且在1999~2004年连续6年被评为"中国最具发展潜力上市公司50强"。但是在2××7、2××8年A公司分别亏损4,563,290元、1,736,710,919元，连续两年的亏损使其带上了ST的帽子。2××9年A公司成功扭亏为盈，实现净利润665,268,328元，此后主营业务收入和净利润均保持年年增长的态势。

三、数据收集

本章分析所用报表及附注数据均取自A公司通过证券交易所披露的年报数据。

第三节 案例分析

一、基于营业收入估计模型的分析结果

根据本章的营业收入的估计模型（公式1），所售产成品适用17%的增值税税率，计算出A公司的营业收入的估计值（EST_SALES_t），并与实际列报金额进行比较，列于表4.3。

表4.3 营业收入预测值与实际值的差异　　　　　单位：人民币元

年份	营业收入列报金额	营业收入预测值	列报金额与预测值的差异	差异率
2××7	19,359,694,865	20,151,877,183	−792,182,318	−0.04
2××8	21,658,590,273	20,461,707,447	1,196,882,826	0.06
2××9	24,323,547,500	25,000,664,508	−677,117,008	−0.03
2×10	29,664,987,261	29,101,275,406	563,711,855	0.02
2×11	37,451,372,249	37,165,225,434	286,146,815	0.01
2×12	41,990,692,102	41,634,221,128	356,470,974	0.01
2×13	47,778,865,826	47,365,765,974	413,099,852	0.01
均值	31,746,821,439	31,554,391,011	192,430,428	0.01

由表4.3发现，2××7-2×13年间营业收入实际列报值与预测值的平均差异率为1%，并且两组数值差异检验结果t值为0.496，无显著差异，反映本章的预测值接近实际值。其中，2××9年的营业收入列报值为24,323,547,500元，预测值为25,000,664,508元，实际列报值比预测值小677,117,008元，差异率为−3%，并未发现调高营业收入的证据。

二、基于营业成本估计模型的分析结果

根据本章提出的公式4，计算营业成本的估计值（EST_COGS_t），发现A公司上市以来所有年份的营业成本的估计值（EST_COGS_t）远高于实际列报金额。分析其原因，发现A公司存在现金流量表列报不规范问题，如，A公司2××9年度的管理费用和销售费用合计数为76.87亿元,扣除支付给职工以及为职工支付的现金14.30亿元和当年计提的折旧费用4.79亿元，也远高于支付其他与经营活动有关的现金3.11亿元，2××7以外的其他年份都存在此类问题（参考表4.4）。由此判断，A公司把支付其他与经营活动有关的现金流出归入购买商品或接受劳务支付的现金流中。

表4.4　A公司与其他经营活动相关的部分财务数据　　单位：人民币元

年份	管理费用和销售费用合计数	计提的固定资产折旧费用	支付给职工以及为职工支付的现金	支付其他与经营活动有关的现金
2××5	3,013,865,732	213,049,509	585,400,586	2,424,275,397
2××6	3,904,127,180	311,141,562	768,086,065	3,234,104,504
2××7	4,795,658,948	423,073,219	1,082,945,809	520,217,612
2××8	7,447,820,868	501,993,827	1,193,621,434	340,940,519
2××9	7,687,054,596	479,018,358	1,430,490,022	310,920,820
2×10	8,327,876,343	575,174,046	2,208,691,891	408,629,290
2×11	9,261,649,042	688,559,536	2,782,603,132	465,754,894
2×12	10,587,398,557	814,177,610	3,624,180,856	595,490,609
2×13	10,937,903,730	916,790,165	3,938,576,008	635,011,973

针对A公司的列报不规范问题，本章通过以下思路对公式5进行调整。

首先，现金流量表中的"支付其他与经营活动有关的现金流出"主要由销售费用和管理费用减去应计费用和工资支出而得出。其中，应计费用的主要来

源是计入销售费用和管理费用的固定资产折旧费用，工资支出为管理部门和销售部门的人员工资福利支出，因此，应列入支付其他与经营活动有关的现金流出（$OTHERS\_TRUE_t$）的金额为：

$$OTHERS\_TRUE_t=（AE_t+SE_t）-（AE\_DEP_t+SE\_DEP_t）-（AE\_COMP_t+$$
$$SE\_COMP_t） \tag{公式6}$$

其中，

$OTHERS\_TRUE_t$：t期应列于"支付其他与经营活动有关的现金"项目的金额

AE_t：t期管理费用

SE_t：t期销售费用

AE_DEP_t：t期计入管理费用的固定资产折旧费用

SE_DEP_t：t期计入销售费用的固定资产折旧费用

AE_COMP_t：t期的计入管理费用的工资薪金支出

SE_COMP_t：t期的计入销售费用的工资薪金支出

其次，计算应列入购买商品或接受劳务支付的现金（CO_TRUE_t）为，

$$CO\_TRUE_t=CO_t-（OTHERS\_TRUE_t-OTHERS_t）$$
$$=CO_t-[（AE_t+SE_t）-（AE\_DEP_t+SE\_DEP_t）]$$
$$-（AE\_COMP_t+SE\_COMP_t）-OTHERS_t] \tag{公式7}$$

其中，

CO_TRUE_t：t期应列入"购买商品或接受劳务支付的现金"项目的金额

CO_t：t期"购买商品或接受劳务支付的现金"项目的列报金额

$OTHERS_t$：t期在支付其他与经营活动有关的现金项目中列报金额。

再次，将上述公式7带入到公式5，并且考虑销售费用和管理费用支付的现金不能抵扣增值税进项税额，得出营业成本的预测值的计算模型（公式8）。

$$EST\_COGS_t=（CO_t+\Delta PAY_t-\Delta PRE_t）/（1+TR'）-\Delta INV_t-（AE_t+SE_t）$$
$$+（AE\_DEP_t+SE\_DEP_t）+（AE\_COMP_t+SE\_COMP_t）$$
$$+OTHERS_t+CGS\_DEP_t+CGS\_COMP_t \tag{公式8}$$

最后，将分别计入生产成本、管理费用以及销售费用的折旧费用合并为当年计提的折旧费用，将分别计入生产成本、管理费用以及销售费用的工资薪金

支出合并为当年计提的职工薪酬，得出A公司的营业成本的最终预测值，如公式9所示。

$$EST\_COGS_i = (CO_t + \Delta PAY_t - \Delta PRE_t) / (1+TR') - \Delta INV_t - (AE_t + SE_t)$$
$$+ DEP_t + COMP_t + OTHERS_t \qquad （公式9）$$

其中，

DEP_t：t期计提的固定资产折旧费用

$COMP_t$：t期的人工成本及费用

通过公式9计算营业成本的估计值时，对于购入的原材料适用13%的增值税税率[1]，得出A公司的营业成本预测值，并与实际列报金额进行比较，列于表4.5。

表4.5：营业成本预测值与实际值的差异　　　　单位：人民币元

年份	营业成本列报金额	营业成本预测值	列报金额与预测值的差异	差异率
2××7	14,347,272,657	15,339,797,513	−992,524,856	−0.06
2××8	15,849,142,906	14,780,475,052	1,068,667,853	0.07
2××9	15,778,073,723	16,746,186,669	−968,112,946	−0.06
2×10	20,686,308,840	20,603,113,292	83,195,549	0.00
2×11	26,485,666,175	27,191,882,148	−706,215,973	−0.03
2×12	29,504,949,212	29,933,570,824	−428,621,612	−0.01
2×13	34,082,758,122	34,407,972,581	−325,214,458	−0.01
均值	22,390,595,948	22,714,714,011	−324,118,063	−0.01

由表4.5看出，2××7——2×13年间营业成本实际列报金额比预测值平均低1%，差异检验t值为0.280，不显著，反映本章的预测接近实际值。其

---

[1] 由于企业主营成本中原材料大部分是属于初级农产品，因此，根据我国税法规定本文适用13%的增值税税率预测主营业务成本。

中，相比于后期，2××7年到2××9年的差异率及其变化较大，2××8年度营业成本列报金额大于预测值7％，而2××9年度，营业成本实际列报值为15,778,073,723元，而预测值为16,746,186,669元，相差达到968,112,946元，差异率为6％。由此可推断，A公司极有可能将2××9年度的营业成本提前到2××8年度确认，以便2××9年度实现利润。

第四节 进一步分析：引起毛利润异常变动的具体项目分析

一、预收账款的异常变动

研究盈余管理问题时，学者们普遍关注赊销收入，认为企业常通过提前确认收入的方式提高当期利润，却较少关注预收账款。实际上，企业可以通过推迟确认收入的方式将收入递延到后期，达到提高后期收入的目的，而以企业年度（Firm year）为样本单位的传统的盈余管理的计量模型和本章的估计模型很难识别出预收账款的操纵问题。为此，本章以季度为单位分析了A公司预收账款的变化。表4.6列示了A公司的预收账款的季度变化。2××7年至2××9年，A公司的预收账款季末余额的平均值为590,161,626元，而2××8年12月31日，A公司预收账款为1,284,599,595元，明显高于前后其他季度季末余额与平均值。以2××8年第四季度为标准，上一季度2××8年9月30日及下一季度2××9年3月31日的预收账款分别为864,510,698元和374,742,241亿元。2××8年年底较上季度预收账款净增加420,088,897元，而2××9年第一季度的预收账款净减少909,857,354亿元。以上数据理论上意味着，2××8年末发生大规模预收款，而次年初提供货物而确认收入。结合前后几年预收款的变化规律来看，2××8年下半年到2××9年第一季度波动很大，极有可能是企业将2××8年的收入递延到2××9年度确认，从而保证2××9年度的利润。

实务中企业可以通过开发票时点的选择，与供应商、关联企业串通等方式来调整收入的确认时点，以达到盈余管理的目的。如果A公司将2××8年末的收入推迟到后一年初确认，会在账上反映为年底年初预收账款的突升突降，调高2××9年度收入，并保证毛利润和净利润的增加。

表4.6　预收账款季末余额及其变化　　　　　　　单位：人民币元

年份	期末余额	与前一季末余额的差额	差异率	与后一季末余额的差额	差异率
2××7−01−01	390,234,266	181,066,282	0.87	201,315,388	1.07
2××7−03−31	188,918,878	−201,315,388	−0.52	−160,505,105	−0.46
2××7−06−30	349,423,983	160,505,105	0.85	−189,428,337	−0.35
2××7−09−30	538,852,320	189,428,337	0.54	−340,905,392	−0.39
2××7−12−31	879,757,712	340,905,392	0.63	530,226,004	1.52
2××8−03−31	349,531,708	−530,226,004	−0.60	−482,249,780	−0.58
2××8−06−30	831,781,488	482,249,780	1.38	−32,729,210	−0.04
2××8−09−30	864,510,698	32,729,210	0.04	−420,088,897	−0.33
2××8−12−31	1,284,599,595	420,088,897	0.49	909,857,354	2.43
2××9−03−31	374,742,241	−909,857,354	−0.71	66,789,645	0.22
2××9−06−30	307,952,596	−66,789,645	−0.18	−141,696,737	−0.32
2××9−09−30	449,649,332	141,696,737	0.46	−412,496,993	−0.48
2××9−12−31	862,146,326	412,496,993	0.92	319,450,721	0.54
均值	590,161,626	50,229,103	0.06	−11,727,795	0.22

二、营业税金及附加的异常变动

表4.7反映A公司各项税金的变化，A公司2××9年的营业税金及附加为108,832,765元，同比2××8年的121,515,779元下降了约10%。在2××9年营业收入较前一年增长2,664,957,227元的情况下，营业税金及附加反而减少了

12,683,013元。经查阅A公司2××9年年报，企业并未发生主要税种及税率、税收优惠的重大变化，也未披露由企业产品结构的重大调整带来的营业税金的变化。同时，由报表附注中应交税费明细可知，2××9年期初期末应交税费相差达到128,311,947元（参考表4.8）。由于A公司属于生产型企业，营业收入变动主要会引起增值税及其附加税的变动，A公司的城市维护建设税和教育费附加期初数之和为16,852,375元，期末数之和为27,592,160元，相差达到10,739,785元。这进一步说明了营业税金及附加变动异常。

营业税金及附加的计算依据是营业收入，两者应呈现线性关系，其变动方向不一致，除了经营模式、产品结构的变化、税收政策和税率的变化等因素外，还有企业的收入的确认标准和税法上的应税所得的计算口径不一致引起的。如果A公司通过会计方法将2××8年度的收入递延到2××9年度确认，营业税金及附加与营业收入的比值反映为，2××8年度高而2××9年度低。

表4.7　营业收入与营业税金及附加的变化　　　　单位：人民币元

年份	营业收入	营业税金及附加	营业税金及附加与营业收入的比值
2××7	19,359,694,865	82,608,269	0.43%
2××8	21,658,590,273	121,515,779	0.56%
2××9	24,323,547,500	108,832,765	0.45%
2×10	29,664,987,261	87,784,887	0.30%
2×11	37,451,372,249	232,922,279	0.62%
2×12	41,990,692,102	249,479,737	0.59%
2×13	47,778,865,826	233,907,601	0.49%
均值	31,746,821,439	159,578,759	0.50%

表4.8 2××9年应交税费明细 单位：人民币元

项目	期末数	期初数
增值税	−327,620,943	−453,476,397
营业税	74,064	21,393,727
企业所得税	24,987,855	24,988,143
个人所得税	3,702,352	354,931
城市维护建设税	16,580,866	10,640,029
印花税	1,606,381	997,422
土地使用税	341,772	769,799
房产税	492,437	1,630,395
车船使用税		2,310
教育费附加	11,011,294	6,212,346
水利建设基金	24,485,291	3,774,665
其 他	1,583,290	158,780
合 计	−242,755,341	−382,553,849

三、折旧费用的异常变动

对于生产型企业来说固定资产的规模及其折旧方法直接影响成本费用的大小。本章发现A公司2××9年度的折旧费用异常。通过报表附注信息可知，A公司近年来从未发生折旧方法和折旧年限的变更，折旧方法均采用直线折旧法，折旧年限与折旧率均按照表4.9的标准确定。当折旧方法和折旧年限以及残值率不变的情况下，固定资产与折旧费用呈线性关系。本章计算折旧费用与年初固定资产的比值并分析其变化，列于表4.10。2××9年初固定资产规模

5,007,185,519元，折旧费用为479,018,358，折旧率为9.57%，显著低于其他年份。与2××8年度相比，2××9年度固定资产上升约14个百分点，然而折旧费用却减少了22,975,460元，下降约5个百分点①。固定资产折旧政策和折旧年限不变的情况下，固定资产净值增加，年内折旧费用也应该随之增加，而A公司折旧费用反而减少。

会计准则对会计政策和会计估计变更的适用条件和处理方法都做了严格的规定，若企业改变折旧方法会给企业带来追溯调整成本、披露成本，资本市场上也更容易被发现。然而企业可通过固定资产的停止使用、改扩建或修建的方式暂停计提折旧，这些并不属于会计政策变更，无须披露，因此不容易引发投资者的注意，外部审计也无法常年驻扎到被审企业从而发现此类操纵。

表4.9　固定资产折旧年限及折旧率

类别	折旧年限（年）	残值率（　%）	年折旧率（　%）
机器设备	10	5	9.5
电子设备	5	5	19
房屋及建筑物			
其中：框架结构	20-45	5	2.11-4.75
砖混结构	20-40	5	2.38-4.75
轻钢结构	20	5	4.75
附属建筑	8-15	5	6.33-11.88
其他工器具	5	5	19
大型运输车辆	10	5	9.5

---

① 表11折旧率计算方法为折旧费用/固定资产年初数。为了排除年内处置固定资产等事项对折旧费用的影响，同时采用固定资产年均值也算过折旧率，也得到一致结论。

表4.10　固定资产年初数与折旧费用　　　　　　单位：人民币元

年份	固定资产年初数	折旧费用	折旧率
2××7	3,452,628,811	423,037,219	12.25%
2××8	4,407,399,561	501,993,827	11.39%
2××9	5,007,185,519	479,018,358	9.57%
2×10	5,109,208,919	575,174,046	11.26%
2×11	5,590,570,497	688,559,536	12.32%
2×12	7,026,827,945	814,177,610	11.59%
2×13	8,900,337,750	916,970,165	10.30%
均值	5,642,022,714	628,418,680	11.14%

第五节　本章结论

随着会计准则的不断完善和监管力度的加强，企业进行盈余管理的手段趋于复杂和隐蔽，除去以往变更会计政策，以及利用营业外收入、资产减值损失、投资收益等项目进行的盈余管理，毛利操纵也是企业盈余管理的重要手段，并具有极高的隐蔽性而不易被外部使用者识别。本章以避免退市而具有强烈盈余管理动机的A公司为研究对象，分析企业是否通过毛利润进行盈余管理。研究结果发现A公司通过将前一年的营业收入递延到当年确认，且当年少确认应计费用的方式进行毛利操纵，扭亏为盈从而摘下ST帽子，成功避免退市。本章还通过修正的琼斯模型（Dechow,1995）和Roychowdhurry（2006）模型计量扭亏年度的可操纵应计利润（DA）、异常现金流（ACFO）、异常生产成本（APROD）和异常费用（ADE），分别为−0.034，0.0270，−0.149，0.0619，未能发现盈余管理，毛利润以下项目也未见异常变动，即，以往的研究方法很难识别出A公司的毛利润操纵问题。

通过本章构建的毛利润操纵识别模型进行分析时还发现，A公司存在现金流量表列报不规范问题，企业把"支付的其他与经营活动有关的现金流出"项目并入到"购买商品或接受劳务支付的现金流出"中，且这种现象持续到最近财务年度，导致"购买商品或接受劳务支付的现金流出"虚高，削弱了营业成本和现金流量表项目之间的对应关系，加大了营业成本操纵识别难度。

本章的研究结论意味着，仅从会计政策变更、线下项目等角度来识别盈余管理，或者运用传统统计模型笼统地识别盈余管理，很有可能忽视通过营业收入和营业成本进行的毛利润操纵。毛利润的操纵不管是通过应计项目还是真实活动，其效果反映在投资者最关心的毛利润上，其后果也更加严重。因此有必要关注毛利操纵问题，多管齐下，综合防范，有效识别和抑制盈余管理。首先，应通过进一步完善企业会计准则及提高执行力度来压缩盈余管理空间。不同行业、不同业务以及不同盈利模式，在营业收入和营业成本的确认条件、时点和方式等方面产生的争议，有必要通过进一步细化制度或指引来规范。在经济高速发展且企业业务日益复杂的阶段，当出现新交易或新业务时，配套的会计准则和制度应及时跟进。其次，我国上市与退市制度过度单一侧重于净利润指标，其本意是保护投资者利益，但是上市融资的巨大吸引力和"壳资源"的稀缺性，引发了上市公司通过各种手段操纵利润，导致上市公司"停而不退"，甚至出现"壳资源"的炒作。伴随着我国IPO注册制改革，应制定更适合我国证券市场特征的复合标准退市机制，使股票市场充分发挥市场机制，从而根除盈余管理动机。最后，可通过加强审计，动用投资者监督、媒体监督和市场监督等手段，遏制毛利润操纵行为和空间，确保会计信息的可信性，提高会计信息的价值相关性。

第五章

上市公司盈余管理案例——真实活动盈余管理

真实活动盈余管理是指企业通过调整实际生产经营活动的方法调整当期利润的盈余管理方法，如，企业通过异常降价促销，以牺牲毛利润为代价实现当期总利润的增加；减少研发投入和广告宣传费用提高当期及利润；或者过度采购原材料以降低生产单价的方式取得利润。

随着真实活动盈余管理研究的深入，企业普遍使用的真实活动盈余管理比较容易被识别，相关研究也较多，本章关注复杂业务中的真实活动盈余管理，通过案例研究的方法识别真实活动盈余管理。为此，本章选择的复杂业务是近几年兴起的企业资产证券化业务，选取的案例深市上市企业——B公司。

B公司在2014年期连续三年发行物业资产支持证券，并通过认购该证券间接持有实物资产，同时为了主业的经营通过长期租赁方式租回该物业继续经营，由此可知，资产证券化并未给企业经营带来实质上的变化。然而通过售后租回物业的方式，企业确认大额的营业外收入，实现营业亏损到净利润的华丽转变，资产证券化中的售后租回的会计处理问题引发深思。

资产证券化是B公司在融资方式上的一大创新，售后回租是企业间常见的交易方式。但这种创新为企业带来的究竟是业绩的提升还是核心利润的下降？是长足的发展还是眼前的利益？本章将围绕B公司的资产证券化，分析其对企业长期以及短期的影响，同时探讨资产证券化过程中售后回租的租赁方式的认定和收益的计量问题，由此探讨盈余管理问题。

第一节 概念介绍及研究问题的明确

一、相关概念与理论

美国证券交易委员会（1997）定义，资产证券化是筹资方将资产出售给特定的金融机构或中介机构获得资金，以此为基础构造新的金融产品的过程；国际经济合作合作组织（1999）指出，资产证券化就是通过把一些能够带来未来现金流入的资产进行打包重组，再以此为基础发行可流通债券进而分售给投资者获取资金的过程。现如今，资产证券化是指以基础资产未来所产生的现金流为偿付基础，通过结构化设计进行信用增级，在此基础上发行资产支持证券（Asset-backed Securities，ABS）的过程。资产证券化在西方国家已有30年的发展历史，而我国发展较慢，证券化进程于2005年正式开启，在其发展过程中，由于全球经济危机曾一度暂停和重启，近几年得益于各项政策和规定的不断完善，资产证券化迎来了快速的发展期。

迄今为止，资产证券化相关研究主要集中在金融机构。首先，学者们普遍认为资产证券化提高流动性水平。Loutskina（2011）认为商业银行通过资产证券化将流动性较差的资产转化为现金流，提升流动性水平，但同时指出在证券化市场倒闭时资产证券化使商业银行更容易受到流动性和资金危机的影响Casu（2011）发现商业银行进行信贷资产证券化是为了提高流动性水平和风险管理，但流动性目的更强 。Farruggio和Uhde（2015）认为，商业银行在金融危机期间因流动性的需求而实施资产证券化。李佳和罗明铭（2015）认为银行通过信贷资产证券化提高货币乘数，强化流动性创造能力。刘红霞和幸丽霞（2015）发现资产证券化是商业银行经营过程中的主要融资手段、资本管理和流动性管理工具。其次，多数研究表示资产证券化有利于风险管理。Frost（1997）指出，在资产证券化中由于发起人将资产转移给SPV，形成特殊的风险隔离机制，减少由于企业破产而带来的风险。Panetta和Pozzolo（2010）指出商业银行通过资产证券化控制信用风险，同时也降低流动性风险。Casu等（2011）指出商业银行通过信贷资产证券化对信贷资产的违约风险进行信用增级或转移给外部投资者，以此进行风险管理。但Duffie（2008），Gorton和Metrick（2012）指出在信贷资产证券化的风险转移中，可能引发商业银行的道德风险和逆向选择的问题。李文泓（2005）认为资产证券化并不一定必然实现风险转移，而是既可以完全转移风险，也可能将风险完全保留在银行，因此银行监管当局需要判断证券化业务中风险的转移程度，并对所保留的风险提出监管资本要求。此外，资产证券化能够减少融资成本提高盈利水平。Minton等（2004）发现，高风险的商业银行选择资产证券化的可能性更高，以此来降低融资成本。Affinit和Tagliaferri（2010）认为信贷资产证券化降低商业银行的贷款和存款坏账，从而有利于实现更高的利润。陈小宪和李杜若（2017）从盈利性假说和流动性假说两方面对我国商业银行资产证券化动因进行实证检验的结果发现，我国商业银行开展信贷资产证券化的主要动因为改善盈利性。

由于非金融企业的资产证券化业务起步较晚，资产证券化业务的普及面不广，对于非金融企业的资产证券化业务的前期研究较少。随着非金融企业的资产证券化业务的发展和普及，有必要对非金融企业的资产证券化进行深入研究。

二、研究问题的明确

案例研究适合回答"怎么样"和"为什么"的问题。由于资产证券化在国内尚属探索阶段，实施资产证券化的企业为数较少，因此，微观角度分析企业资产证券化效果的研究甚少。作为首次场内交易的商贸物业私募，媒体对B公司的资产证券化给予"一边倒"的好评。然而，B公司的资产证券化到底给企业带来什么影响？其效果怎么样？企业为什么实施资产证券化？对此缺少有系统的分析和全面的解释。本章通过案例分析，探索以上问题的答案。

第二节　案例选择及数据收集

一、案例选择

在案例企业的选择上，本章考虑案例的典型性和数据的可获得性。B公司从2014年度开始操作资产的证券化，后续每年度都实施资产证券化，由此看出资产证券化并不是企业的偶发事件，是战略安排，具有一定的典型性。本研究的相关数据可通过公开披露的企业年报、证券商的官方网站均可获取。因此，本章选取B公司为研究案例，全面分析资产证券化的效果，通过其效果分析探讨资产证券化动机，并结合其会计处理讨论资产证券化会不会成为新型盈余管理手段。

二、案例介绍

（一）企业简介

B公司主营业务为家用电器、电子产品、办公设备、通信设备、音像制品和散装食品销售以及普通货运，是我国3C（家电、电报、通讯）电器连锁零售的行业领先者。公司于2004年成功上市，在2014年中国民营500强中以营业收入和综合实力名列第一。

在传统的零售时代，B公司收获巨额利润和超高速增长，2009年到2011年分别实现营业收入583亿、755.04亿、938.89亿元，逼近千亿；分别取得净利润29.88亿、41.05亿、48.86亿元，净利润创历史最高。2013年以后，尽管B公司的营业收入超过千亿元且连年增长，但是净利润大幅下滑，在2014和2015年度连续两年营业亏损（参考表5.1）。

表5.1：B公司利润简表　　　　　　　　单位：人民币万元

	2011年	2012年	2013年	2014年	2015年
营业收入	9,388,858.00	9,835,716.10	10,529,222.90	10,892,529.60	13,554,763.30
营业成本	7,610,465.60	8,088,464.60	8,927,906.10	9,228,457.20	11,598,118.20
营业利润	644,408.10	301,360.30	18,390.30	−145,893.30	−61,002.10
营业外收入	11,755.50	35,444.50	16,108.80	265,215.00	166,522.40
营业外支出	8,841.00	12,645.00	20,060.50	22,060.40	16,624.60
利润总额	647,322.60	324,159.80	14,438.60	97,261.30	88,895.70
净利润	488,600.60	250,546.20	10,430.30	82,403.80	75,773.20

（二）案例简介

在电商的冲击下，B公司积极探索资产证券化创新模式，在2014年度和2015年度分别针对旗下11家物业和14家物业进行资产证券化。两次资产证券化分别给企业带来了24.75亿及13.88亿元的收益，分别列入2014年度和2015年度的营业外收入中。

1.第一轮资产证券化

2014年，B公司发布公告称，计划将公司麾下位于北京、成都、重庆等地的11家物业资产转让给Z基金管理公司（以下简称Z基金公司），成立私募投资基金，作价不低于40亿元人民币。

为了此次资产证券化，B公司将11家自有物业的房屋所有权和土地使用权分别出资设立11家全资子公司，每个子公司注册资本均为500万元。截至评估日，这11家物业的账面净值为16.96亿元（参考表5.2），评估价为40.11亿元。最终，B公司董事会审议通过，在物业的房地产权过户至全资子公司之后，以43.42亿元的价格将上述子公司的全部相关权益转让给由Z基金公司发起设立的私募投资基金及相关方，以开展相关创新型资产运作模式。截至2014年12月31日，B公司已收到人民币41.16亿元，截至财务报告批准报出日，剩余转让价款约人民币2.26亿元已全部收回。交易完成后，B公司再按市场价格租用11处物业继续经营，并称此次交易不会影响公司的日常经营业务，物业的实际租金价格以公司与股权受让方或其指定方届时签订的《租赁合同》为准（参考图5.1）。按照《租赁合同》，11家物业的租期为12+8年[①]；第一年租金为3.49亿元，租金在前六个租赁年度逐年上浮，每租赁年度租金上浮标准为上一年租金的 3%；第七年至第十二年的租金按届时市场标准协商确定，至第十三年度后租金不低于首个租赁年度租金的135%。

此次资产证券化过程中，Z基金公司创设"私募REITs"，收购了B公司持有的11家全资子公司100%股权，并且向B公司发行不同风险和收益特征的A类资产支持证券20.85亿元和B类资产支持证券23.10亿元，其中A类资产支持证券的预期收益率为6.17%，B类资产支持证券不指定预期收益率，由目标资产的租金的增值来决定。此番资本运作后，B公司由目标资产的直接持有人变为通过私募基金的间接持有人。2015年初，这只交易所场内交易的商贸物业私募REITs正式在深圳证券交易所挂牌上市。

表5.2 2014年B公司出售的11处资产状况　　单位：人民币万元

物业名称	资产原值	累计折旧	资产净值
北京★★★物业	10,684.24	885.23	9,799.01
常州★★★物业	15,073.31	3,492.59	11,579.72
武汉★★★物业	16,359.92	419.34	15,940.58
重庆★★★物业	34,507.58	10,599.58	23,908.00

---

① "12+8"：根据Z基金公司《资产支持专项计划说明书》中披露的信息，相关租金在前六个租赁年度逐年上浮3%，第七年至第十二年的租金按届时市场标准协商确定且不低于首年租金，至第十三年度后的8年内租金不低于首个租赁年度租金的135%。除非租约各签署方按照租约规定的解约事由解除租约，租约不得解除。如B公司提前退租，则在第1-12年内，其同时对后续招租的租金水平低于首年租金水平负有差额补偿承诺，在第13-20的8年内，对后续招租的租金水平低于第13年租金水平负有差额补偿承诺。

续表

物业名称	资产原值	累计折旧	资产净值
重庆★★★物业	29,080.70	3,486.98	25,593.72
昆明★★★物业	20,602.79	2,589.48	18,013.31
成都★★★物业	22,804.59	3,456.32	1,9348.27
成都★★★物业	4,446.59	1,365.94	3,080.95
成都★★★物业	6,714.84	1,981.16	4,733.68
西安★★★物业	12,311.87	1,169.37	11,142.50
北京★★★物业	26,430.31	—	26,430.31
合计	199,016.04	29,445.99	169,570.05

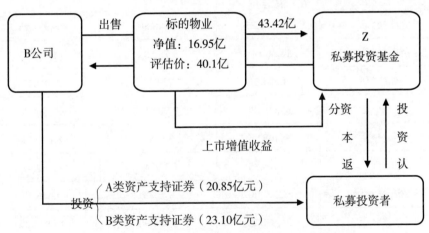

图5.1　2014年B公司11家物业资产证券化流程图

2.第二轮资产证券化

2015年度B公司又一次发布公告，将延续先前模式，对公司旗下14家自有物业进行第二轮售后回租。截至评估日，这14家物业的账面记录如表3所示，固定资产原始价值合计数为21.75亿元，已计提折旧共3.97亿元，资产净值为

17.78亿元（参考表5.3）。14家物业的最终售价为32.65亿元，增值率达83.63%，为B公司带来13.88亿元的税后净收益与26亿元的净现金流入。B公司称后期不排除仍有核心物业进行存量盘活的可能。交易完成后，B公司再按市场价格租用14处物业继续经营，第一年租金为2.80亿元。

此次资产证券化过程中，Z基金公司创设"二期REITs"，收购了B公司持有的14家物业，并且向B公司发行不同风险和收益特征的A类资产支持证券16.77亿元和B类资产支持证券16.58亿元，其中A类资产支持证券的期限为18年，按季度等额支付本息，预期收益率为5.60%，B类资产支持证券的期限为3+1年，按季付息到期还本，不设预期收益率。

表5.3　2015年B公司出售的14处资产状况　　　　单位：人民币万元

物业名称	资产原值	累计折旧	资产净值
大连★★★店	21,976.75	3,286.44	18,690.31
北京★★★店	4,155.11	386.14	3,768.97
天津★★★店	28,106.75	9,148.80	18,957.95
济南★★★店	18,360.47	3,759.82	14,600.65
郑州★★★店	4,204.36	722.19	3,482.17
上海★★★店	55,687.86	9,903.16	45,784.70
嘉兴★★★店	9,465.93	803.42	8,662.51
泰州★★★店	7,810.85	1,578.44	6,232.41
马鞍山★★★店	3,255.00	578.85	2,676.15
武汉★★★店	21,878.29	3,934.90	17,943.39
郴州★★★店	1,714.35	630.52	1,083.83
大同★★★店	18,743.84	2,392.31	16,351.53
内江★★★店	8,240.20	932.52	7,307.68
厦门财★★★店	13,914.60	1,662.42	12,252.27
合计	217,514.45	39,719.93	177,794.52

三、数据收集

本章的财务数据主要来源于B公司通过证券交易所信息披露系统公开披露的年报以及其他公告事项。2014年和2015年分别售后租回的11家物业及14家物业的原值与净值信息，以及B公司售后回租价格和年限等相关数据来源于Z基金公司官方网站的资产支持专项计划说明书所披露的物业资产状况、审计报告和资产托管报告。

第三节 案例分析

一、资产证券化的效果分析

（一）对于利润的影响

本章将资产证券化对利润的影响区分为一次性影响和持续性的影响。

B公司在2014年度以43.42亿元的价格出售账面净值为16.96亿元的11家物业，扣除相关税费后取得营业外收入24.75亿元；2015年度作价32.65亿元，出售账面净值为17.78亿元的14家物业，扣除相关税费后实现营业外收入13.88亿元，两次资产证券化增加利润38.63亿元，这是对利润的非持续性影响。

由于售后回租，新增的租赁费用和减少的折旧费用对利润产生持续性的影响。按照B公司的会计政策，公司对于房屋及建筑物采用直线法计提折旧，适用3%的预计净残值率，预计使用寿命为20-40年，由此，房屋及建筑物的年折旧率为2.42%至4.85%。本章可以通过以上标准算出已证券化物业的年折旧额，列于表5.4。2014年售后租回的11家物业每年最多减少折旧费用0.97亿元（适用4.85%的年折旧率），但是每年最少增加租赁费用3.49亿元，对利润的净影响为-2.52亿元。假设，B公司未做资产证券化，每年的营业利润至少比列报金额多2.52亿元，营业亏损的规模会缩小。同理，2015年度出售后租回的14家物业，在后续年度每年减少折旧费用的上限为1.05亿元，但是将会发生租赁费用2.80亿元，将对营业利润净影响-1.75亿元。

根据资产证券化对利润表的持续性和非持续性影响，本章将假设未做资产证券化的B公司的利润项目与B公司的利润表列报金额进行对比，如表5.5所示。资产证券化实现了净亏损到净盈利的转换，但是扩大了2014和2015年度的营业亏损的规模。

表5.4 2014及2015年出售物业的折旧额　　　单位：人民币万元

年度及折旧率	租赁费用	折旧费用	
		年折旧率为2.43%	年折旧率为4.85%
11家物业	34,900	4,836.09	9,652.28
14家物业	28,000	5,285.60	10,549.45
合计	62,900	10,121.69	20,201.73

表5.5：资产证券化对利润表的影响　　　单位：人民币万元

	2014年			2015年		
	列报金额	假设未做资产证券化	差异	列报金额	假设未做资产证券化	差异
营业收入	10,892,529	10,892,529	0	13,554,763	13,554,763	0
营业成本	9,228,457	9,228,457	0	11,598,118	11,598,118	0
营业利润	−145,893	−120,645	−25,248	−61,002	−18,302	−35,797
营业外收入	265,215	17,715	247,500	166,522	27,722	138,800
营业外支出	22,060	22,060	0	16,625	16,625	0
利润总额	97,261	−124,991	222,252	88,896	−7,205	138,800

（二）对于现金流的影响

资产证券化最大的优点是盘活资产，在2014年度和2015年度分别给企业带来43亿和26亿多的现金流。表5.6是B公司的现金流量表简表，2014-2015年度B公司的经营活动现金流动在1千亿元以上，投资活动现金流也在500亿元以上，售出物业带来的现金流入占投资活动现金流入的5%左右，并且资产负债率和现金持有比率未发生显著的变化，反映资产证券化确实增加现金流入，但其影响并不显著。

表5.6 B公司现金流量表简表　　　　　单位：人民币万元

	2011年	2012年	2013年	2014年	2015年
期初现金	1,167,646.50	1,294,915.80	2,024,371.90	1,511,809.20	1,229,757.20
经营活动产生的净现金流	658,852.00	529,944.10	223,848.40	−138,141.90	173,333.90
经营活动现金流入	10,989,172.1	11,407,600.0	12,312,660.8	13,010,584.9	15,996,079.8
经营活动现金流出	10,330,320.1	10,877,655.9	12,088,812.4	13,148,726.8	15,822,745.9
投资活动产生的净现金流	−599,044.70	−613,645.90	−100,484.20	−200,704.80	−28,618.50
投资活动现金流入	99,298.60	16,956.90	1,833,931.50	5,214,174.20	7,122,562.80
投资活动现金流出	698,343.30	630,602.80	2,838,774.30	5,414,879.00	7,151,181.30
筹资活动产生的现金流	67,940.10	816,710.10	287417,3	62,854.40	289,637.50
筹资活动现金流入	698,343.30	1,133,367.30	446,057.60	312,509.80	642,129.10
筹资活动现金流出	75,105.00	316,657.20	158,640.30	249,655.40	352,491.60
当期净现金流	127,269.30	729,456.10	−512,562.70	−282,052.00	452,059.40
期末现金	1,294,915.80	2,024,371.90	1,511,809.20	1,229,757.20	1,681,816.60

（三）认购并持有资产支持证券带来的收益

根据Z基金公司发布的资产支持专项计划成立公告中的证券化相关协议内容，在第一次进行资产证券化的过程中，B公司认购的A类资产支持证券的发行规模为20.85亿元，预期收益率为6.17%，信用等级为AAA；B类资产支持证券的发行规模为23.1亿，不设预期收益率，预期收益取决于目标资产的租金及增值情况，信用等级为AA。假设B类资产支持证券也按6.17%的收益率计算，通过第一批资产证券化，B公司平均每年实现2.71亿元的投资收益，能够弥补租赁费用超出折旧费用而带来的损失，并取得0.19亿元的微利，如果考虑到年租金3%的增幅，这种微利在租赁第三年度就会消失。同理，通过第二次资产证券化，B公司平均每年实现1.87亿元的投资收益，能够弥补租赁费用超出折旧费用而带来的损失，并取得0.12亿元的微利（参考表5.7）。总之，B公司的资产证券化的效果依赖于处置固定资产所回收的现金流的投资回报，当投资回报大于租赁费用和折旧费用之差时带来正面影响，反之则反。

表5.7　持有资产支持证券的收益　　　　　单位：人民币万元

Panel A：第一轮资产证券化		
投资收益	A类资产支持证券	208,500 × 6.17% = 12,864.45
	B类资产支持证券	231,000 × 6.17% = 14,252.70
	合计	27,117.15
加：折旧费用		9,652.28
减：租赁费用		34,900.00
净影响		1,869.43
Panel B：第二轮资产证券化		
投资收益	A类资产支持证券	167,700 × 5.60% = 9,391.20
	B类资产支持证券	165,800 × 5.60% = 9,284.80
	合计	18,676.00
加：折旧费用		10,549.45
减：租赁费用		28,000.00
净影响		1,225.45

二、资产证券化过程中的会计处理问题

（一）资产证券化使企业成功避免ST

根据本章的分析发现，资产证券化在2014年度和2015年度分别给B公司带来营业外收入24.75亿元和13.88亿元，实现营业亏损到净盈利的转变。根据

《上海证券交易所股票上市规则》及《深圳证券交易所股票上市规则》，企业连续两年亏损会冠以退市风险警示*ST，如继续亏损，将面临退市风险。2014年度和2015年度的两轮资产证券化使B公司成功避免ST。

资产证券化顺应传统零售业的转型，实现重资产到轻资产的转变，盘活资产，增加现金流。但是根据本章的研究，由于所售资产通过租赁方式继续使用，并且租赁费用远高于固定资产折旧费用而增加企业的营业成本，不利于企业核心竞争力的提高。因此，资产证券化对企业的效果取决于企业所回收的现金流的运用情况，即，所认购并持有证券的收益能够弥补租赁费用和折旧费用的差异时才给企业带来正面影响。按照B公司资产支持证券的预期收益率来分析，B公司的资产证券化并未给企业的现金流以及未来的业绩带来显著的正影响。

（二）资产证券化过程中售后租回的会计问题

B公司实施的资产证券化的实质是以同一标的资产为媒介的固定资产的出售、固定资产的租入和证券的投资三个业务的合体。按照我国企业会计准则，承租人将资产出售，又将该项资产从出租人租回的特殊形式的租赁业务称为"售后租回"，并且根据租赁性质将售后租回交易认定为融资租赁或经营租赁。准则还规定，售后租回交易认定为融资租赁的，售价与资产账面价值之间的差额应当予以递延，并按照该项租赁资产的折旧进度进行分摊，作为折旧费用的调整。

本案例中B公司分别将11家物业和14家物业出售，并签订"租赁协议"租用物业继续经营，属于"售后租回"业务。为了进行合理的会计处理，应判断该"售后租回"交易的性质。B公司在年报中披露融资租赁的判断依据，如下文，符合准则的规定。

实质上转移了与资产所有权有关的全部风险和报酬的租赁为融资租赁。符合下列一项或数项标准的，认定为融资租赁：

● 在租赁期届满时，租赁资产的所有权转移给承租人。

● 承租人有购买租赁资产的选择权，所订立的购买价款预计将远低于行使选择权时租赁资产的公允价值，因而在租赁开始日就可以合理确定承租人将会行使这种选择权。

● 即使资产的所有权不转移，但租赁期占租赁资产使用寿命的大部分。

● 承租人在租赁开始日的最低租赁付款额现值，几乎相当于租赁开始日租赁资产公允价值。

● 租赁资产性质特殊，如果不作较大改造，只有承租人才能使用。

经营租赁是指除融资租赁以外的其他租赁。

B公司两轮资产证券化中涉及的售后租回业务，应以上述判断标准为依据，结合租赁合同判断其租赁性质。

本章从B公司与Z基金公司的售后回租协议摘取原文，如下：

于2014年度，B公司开展售后租回交易，将11家物业转让给Z基金管理有限公司发起设立的私募投资基金，以开展相关创新型资产运作模式，并后续以稳定的市场租金和12年租期的租约获得物业的长期使用权。该11家物业的转让价格根据外部独立评估师的资产评估价值协商确定，该项资产评估所采用的主要参数为市场租金、租金增长率、空置率及净运营收益及净收益折现率等。后续租回的价格参照周边地区类似物业的市场租金确定，租金在前六个租赁年度逐年上浮，每个租赁年度租金上浮标准为上一年租金的3%，第七年至第十二年的租金按届时市场标准协商确定，但不低于首年租金。除非租约各签署方按照租约规定的解约事由解除租约，租约不得解除。如B公司提前退租，则在第1-12年内，其同时对后续招租的租金水平低于首年租金水平负有差额补偿承诺，在第13-20的8年内，对后续招租的租金水平低于第13年租金水平负有差额补偿承诺。

按照协议内容，根据20年的租期，并且租期内租金每年上浮3%，适用同期上海同业拆借（SHIBOR）1年期利率4.66％为实际利率[①]，计算第一轮资产证券化的11家物业的租赁付款额的现值，为60.06亿元，超过其公允价值，即转让价格（参考表5.8）[②]。根据计算，发现B公司的资产证券化过程中的售后租回符合融资租赁的第四个认定标准，可视为融资租赁。如果将此次"售后租回"认定为融资租赁，物业转让过程中产生的收益不应确认为当期的营业外收入，应在折旧年度内递延，这样，2014和2015年度业绩均为净亏损。

表5.8：每年租金变化及其现值　　　　　单位：人民币万元

年度	租金 租金涨幅每年3％	现值 SHIBOR1年期利率4.66％为依据
第1年	34,896.05	33,342.30
第2年	35,942.93	34,342.57
第3年	37,021.22	33,797.86
第4年	38,131.86	33,261.80
第5年	39,275.81	32,734.24
第6年	40,454.09	32,215.05
第7年	41,667.71	31,704.09
第8年	42,917.74	31,201.23
第9年	44,205.28	30,706.36
第10年	45,531.43	30,219.32
第11年	46,897.38	29,740.02

---

① 当适用折现率为10.8％时，租赁付款额的现值达到11家物业的转让价的90％，即36.10亿元。

② 第二轮资产证券化结果也与第一轮证券化一致，由于篇幅问题此处省略。

续表

年度	租金 租金涨幅每年3%	现值 SHIBOR1年期利率4.66%为依据
第12年	48,304.30	29,268.32
第13年	49,753.43	28,804.10
第14年	51,246.03	28,347.24
第15年	52,783.41	27,897.62
第16年	54,366.91	27,455.14
第17年	55,997.92	27,019.68
第18年	57,677.86	26,591.13
第19年	59,408.19	26,169.36
第20年	61,190.44	25,754.30
合　计	937,670.00	600,571.72

　　作为创新型资产运作模式，B公司的资产证券化在常见的售后租回交易的基础上加入了资产支持证券的投资业务。通常，准则的制定和修改滞后于新的业务的产生，目前我国会计准则体系中没有资产证券化业务的处理的确切依据。由于没有具体的法律规范，也没有具体的审计或司法实践，尽管对B公司的售后租回业务的会计处理产生争议，也无法要求做出会计调整。

第四节　本章结论

资产证券化作为融资的新渠道，由于其独特特征，在我国有较好的发展前景。然而，通过分析B公司的资产证券化发现，证券化给企业带来以下效应：（1）利润由负到正的转变。连续两年通过固定资产处置收益实现营业亏损到净盈利的转换，避免ST，甚至退市。（2）营业亏损规模的扩大。由于所售出资产需要通过租赁方式持续使用，而租赁费用远高于所售资产的折旧费用，导致营业利润的下降。（3）并不显著的现金流入。尽管每次资产证券化带来不菲的现金流入，但是在企业的投资活动现金流中所占的比仅为5%左右，效果不显著。（4）资产证券化的成功与否依赖于投资资产运营情况，即，当持有的资产支持证券或变现后新的投资组合的回报率超过租赁费用和折旧费用的差异时，才能提高企业的业绩，由此，未来企业的大规模资产证券化必定推动跨界金融业务。

本章还发现，B公司在资产证券化过程中，与资产的收购方签订长期租赁协议，通过租赁方式长期使用。根据协议中规定的年租金和租期，当适用的实际利率低于10.8%时，租赁付款额的现值大于转让价（公允价值）的90%，符合融资租赁的认定标准。然而，B公司将其认定为经营租赁，确认了巨额的营业外收入，而这巨额的营业外收入正是它扭亏为盈的关键力量。

由于资产证券化将常见的售后回租与资产支持证券投资集合于一体，属于新的业务，准则无明确规定，没有可供参考的会计、审计和司法实践，而这些漏洞给企业提供调高利润、扭亏为盈的"合法机会"。这也意味着资产证券化面临着规范会计确认和计量问题，对此应加强理论研究，在推动企业资产证券化业务发展过程中，既要注重共性问题，探索解决这些问题的一般规律，又要关注个性问题，做到量体裁衣，对症下药。

第六章

上市公司盈余管理实证——应计项目盈余管理

第一节　应计项目盈余管理的计量方法及改进

一、已有应计项目盈余管理模型的应用

本章首先通过目前在学术界应用最广泛的应计项目盈余管理模型计量盈余管理程度。

（一）基于Healy（1985）模型和 DeAngelo（1986）模型的应计项目盈余管理的计量

首先，Healy（1985）和 DeAngelo（1986）分别认为事件期前的平均应计利润和前一期的平均应计利润代表企业的不可操纵应计利润（公式6.2和6.3），其次，根据当期应计利润和不可操纵应计利润的差额来衡量当期可操纵应计利润（公式6.1）。

$$DA_t = TA_t - NDA_t \qquad\qquad 公式6.1$$

$$NDA_t = \Sigma\, TA \,/\, T \qquad\qquad 公式6.2$$

$$NDA_t = TA_{t-1} \qquad\qquad 公式6.3$$

其中，

NDA_t：t期预计的正常性应计利润；

TA_t：t期的总体应计利润；

T：估计期总年数，本章设定估计其为事件期的前三年

（二）基于Jones（1991）模型和修正Jones（1995）模型的应计项目盈余管理的计量

根据Jones（1991）是以销售收入增加额和长期资产的增加额为不可操纵应计项目的影响因素；Dechow等（1995）以销售收入增加额和应收款增加额

的差额和长期资产的增加额为不可操纵应计项目的影响因素计量不可操纵应计利润，并且在其使用过程中可以通过横截面方式，也可以通过时间序列方式预测不可操纵应计利润。考虑到我国资本市场历史较短，本章对我国上市公司分年度分行业，利用横截面样本方式计量可操纵应计利润。Jones（1991）和修正Jones（1995）模型的计量过程如下：

$$TA_{it} = \alpha\,(1/A_{it-1}) + \beta\,(\Delta REV_{it}/A_{it-1}) + \gamma\,(PPE_{it}/A_{it-1}) + \varepsilon_{it} \qquad 公式6.4$$

$$TA_{it} = \alpha\,(1/A_{it-1}) + \beta\,\{(\Delta REV_{it} - \Delta REC_{it})/A_{it-1}\} + \gamma\,(PPE_{it}/A_{it-1}) + \varepsilon_{it}$$

$$公式6.5$$

其中，

TA_{it}：i企业t年的总应计利润；（净利润−经营活动产生的现金流量净额）$/A_{it-1}$

Ai_{t-1}：i企业t−1年末资产总额

$\triangle REV_{it}$：i企业t年的销售收入的增减变动额

$\triangle REC_{it}$：i企业t年的应收账款与应收票据的增减变动额

PPE_{it}：i企业t年末的固定资产、无形资产、递延资产的合计

ε_{it}：残差项

根据上述回归方程对每个样本企业分年度分行业进行回归分析，用OLS预测的残差项（ε_{it}）作为可操纵性应计利润（DA），以此衡量应计项目的盈余管理的程度。

二、应计项目盈余管理模型的改进及应用

（一）基于现有模型的改进——Mod模型

应计利润计量模型改进过程的分析得知，最初粗糙的计量模型被一步步细化，最初苛刻的假设条件被一点点放宽。目前，盈余管理相关的研究应用最广泛的是 Dechow（1995）的修正的Jones模型。但是，在应用该模型计量盈余管理时，模型拟合度较低，其求出的可操控性应计利润（DA）与盈余管理行为的关系显著性普遍不高。

基本Jones模型放宽了不可操控性应计利润恒定的假设，回归模型中加入了收入的变化，通过期末长期资产来控制了经济环境的变化对不可操控性应计利

润的影响。该模型成立的前提假设是收入的变化量和长期资产的期末账面价值是客观的、未被操控的。如果假设不成立，该模型在计量盈余管理时会产生误差。Dechow（1995）认为管理人员可以通过异常赊销方式，即操纵当期应收账款的变化量达到当期盈余管理的目的。因此，应收账款是收入的污染变量，为使得收入的变化量保持客观不被操控，修正的Jones模型将应收账款的变化从收入的变化量中剔除，从而可以无偏的去估计正常性应计利润。

借鉴上述修正思路，本文做如下逻辑推导：公司的管理人员可以通过选择或改变折旧、摊销和折耗的方法影响计入当期的成本费用，从而达到对报告盈余进行操纵的目的。当企业管理人员存在以上行为时，基本Jones模型和Dechow（1995）的修正Jones模型中的长期资产的期末账面价值受到污染，模型成立的假设条件（长期资产的期末账面价值是客观的、未被操控的）被推翻，结果导致模型会低估盈余管理。长期资产可分为期初长期资产和本期新增加的长期资产，由于会计准则对会计政策和会计估计变更的适用条件和处理方法都做了严格的规定，所以改变会计折旧和摊销的方法会给企业带来监管成本、追溯调整成本、披露成本等。然而，对于当期新增的长期资产，管理者可以在规定的范围内自由选择处理方法从而为当期盈余报告目的服务。基于以上逻辑，应该把计量不可操控性应计利润模型中的污染变量——当年新增的长期资产剔除。由此得出修正Jones的改进模型（Mod模型，称为公式6.6），如表6.1所示。

表6.1 Dechow模型的改进——Mod模型

$$\frac{NDA_t}{A_{t-1}} = \alpha_0 \left(\frac{1}{A_{t-1}} \right) + \alpha_1 \left(\frac{\Delta REV_t}{A_{t-1}} \right) + \alpha_2 \left(\frac{PPE_t}{A_{t-1}} \right)$$	基本Jones模型 未剔除污染变量
$$\frac{NDA_t}{A_{t-1}} = \alpha_0 \left(\frac{1}{A_{t-1}} \right) + \alpha_1 \left(\frac{\Delta REV_t - \Delta REC_t}{A_{t-1}} \right) + \alpha_2 \left(\frac{PPE_t}{A_{t-1}} \right)$$	修正Jones模型 剔除污染变量 ΔREC_t
$$\frac{NDA_t}{A_{t-1}} = \alpha_0 \left(\frac{1}{A_{t-1}} \right) + \alpha_1 \left(\frac{\Delta REV_t - \Delta REC_t}{A_{t-1}} \right) + \alpha_2 \left(\frac{PPE_{t-1}}{A_{t-1}} \right)$ 公式6.6	Mod模型剔除两个污染变量 ΔREC_t、ΔPPE_t
其中， NDA_t：t期预计的正常性应计利润； A_{t-1}：t期期初资产总额；	

ΔREV_t：t期收入与t-1期收入的差额；

ΔREC_t：t期应收款项与t-1期应收款项的差额。

PPE_t：t期期末固定资产总价值；

PPE_{t-1}：t-1期期末固定资产总价值；

（二）基于应计收入与应计费用视角的模型构建——JJ模型

从Healy（1985）的平均总应计利润代替不可操控应计利润，Jones（1991）的进一步完善模型加入经济环境的控制变量，到Dechow（1995）剔除应收账款的变化，都强调计量经济学方法的应用，没有直接从收入、成本、费用的角度去考虑如何客观地衡量不可操控应计利润。应计利润主要取决于赊销收入、当期分配和归集的成本、折旧摊销或者其他费用。而根据会计准则与Kang和Sivaramakrishnan（1995）[14]研究结果，企业作为一个连续经营主体，收入和费用的发生都有一定的规律性。即，应计收入与现金收入，营业成本与营业收入，折旧摊销与长期资产之间应该保持比较稳定的比例关系。根据以上逻辑，本文从应计收入和应计费用方面建立回归模型计量不可操控应计利润，影响因素由非操控性赊销收入、现金收入、长期资产构成，本文简称JJ模型（参考表6.2）。

应计收入是指不伴随现金的收入，通常表现在赊销引起的应收账款（包括应收票据）的增加额上。本文将赊销收入分为操控性赊销收入和非操控性赊销收入。经本文统计分析2001年至20×6年沪深A股上市的面板数据中发现有45％的样本存在将应收账款转销抵借应付供应商的购货款的行为，这部分转销的应收账款应该是真实存在且不可操控的赊销收入,本文将其定义为不可操纵的赊销收入。根据报表项目之间的钩稽关系可以推导，销售成本加上存货增加额减去购买材料或劳务支付的现金和应付款项的增加额（$COGS_t + \Delta INV_t - CO_t - \Delta APY_t$）近似等于转销的应收账款。

然而，并不是说除了上述转销的应收账款外其他赊销收入都是操控而来，会计准则允许因公司信用政策产生正常的赊销收入，只是能够确定的不能操控的有转销的应收账款，它只占据了非操纵性赊销收入的一部分，并不能代表全部，所以仅依靠这一解释变量是无法全面反映应计收入对应计利润的影响。为了弥补上述不足，本文考虑加入辅助解释变量来增加模型的效力。应计收入的存在是为了将收付实现制下的现金流调节为权责发生制下的会计收入，当现金收入较多时，应计收入减少，反之，应计收入增多，Dechow（1994）研究中也发现经营活动现金流量的增量与应计利润成反比。现金收入是不易被操控的，所以根据现金收入和应计收入存在的反比关系，我们可以用现金收入作为正常应计收入的代理变量。由此，我们将本期现金收入（销售商品、提供劳务收到的现金扣除预收账款增加额后的剩余值）作为第二个解释变量（$CI_t - \Delta AFC_t$）。

会计准则三大原则之一配比原则，要求收入和费用要从时间和因果关系上匹配，因此，在构造模型时，我们不再考虑营业成本作为解释变量。而应计费用的影响因素很多，如固定资产的折旧、无形资产的摊销、待摊费用、应付期间费用等等。有些账目如固定资产的折旧和无形资产的摊销等是公司持续经营的条件，会计应计量的持续性比较强，与公司利润的关系也比较密切，不大容易被公司管理层操纵，而有些项目如资产和债务重组发生的费用改变会计政策、待处理的损益等则比较容易受到公司管理层的操纵，持续性也比较弱。为准确计量不可操控应计利润，我们需要用的解释变量是持续性较强的不可操控的应计费用，主要包括长期资产的折旧和摊销。长期资产可分为期初长期资产和本期新增加的长期资产，按照本文前面所述的逻辑，非操控性费用部分主要来源于期初长期资产，将其作为解释变量三（PPE_{t-1}）。

通过以上原则，本文构建JJ模型（公式6.7）。

表6.2 应计收入与应计费用视觉的模型——JJ模型

$COGS_t + \Delta INV_t - CO_t - \Delta APY_t$	解释变量一
$CI_t - \Delta AFC_t$	解释变量二
PPE_{t-1}	解释变量三
$$\frac{NDA_t}{A_{t-1}} = \alpha_0 + \alpha_1 \left(\frac{COGS_t + \Delta INV_t - CO_t - \Delta APY_t}{A_{t-1}} \right) + \alpha_2 \left(\frac{CI_t - \Delta AFC_t}{A_{t-1}} \right) + \alpha_3 \left(\frac{PPE_{t-1}}{A_{t-1}} \right)$$ …………公式6.7	JJ模型
其中， NDA_t：t期预计的不可操控的应计利润； CI_t：t期的销售商品、提供劳务的现金收入； ΔAFC_t：t期的预收账款与t-1期预收账款的差额；	

$COGS_t$：t期的销售成本；

ΔINV_t：t期的存货与t−1期存货的差额；

CO_t：t期的购买存货、接受劳务的现金流出；

ΔAPY_t：t期的应付账款（含应付票据）与t−1期应付账款（含应付票据）的差额；

PPE_{t-1}：t−1期期末固定资产和无形资产总价值；

A_{t-1}：t−1资产总额。

第二节　应计项目盈余管理动机分析

一、避免亏损动机的应计项目盈余管理

根据前面的分析可以初步得出，我国上市公司净利润的分布在0阈值点右侧高于其正态分布，与Burgstahler和Dichev（1997）的研究结论相一致。本文还发现，我国上市公司ROA主要分布在-0.1至0.1区间，本章根据ROA介于[-0.1,0.1]之间的企业分布的柱状图，每个区间宽度取0.002，发现0阈值点右侧的样本公司数量远远超过零阈值点左侧数量，如图6.1所示，ROA介于[-0.05，0）之间的样本数为964个，而ROA介于[0,0.05]之间的样本数为11,726个；ROA介于[-0.01，0）之间的样本数为256个，而ROA介于[0,0.01]之间的样本数为2,689个；本文还观察了ROA介于[-0.005，0）区间和[0,0.005]区间的样本数分别为160个和1,063个；ROA介于[-0.001，0）区间和[0,0.001]区间的样本数分别为34个和141个。数据分布反映，无论使用何种标准，微盈企业比微亏企业多很多，并且0阈值点左右的分布极不平滑，由此可见企业ROA的密度分布规律明显受到了避免亏损动机的影响。根据分布图的形状看出，0到中位数，即$ROA \in$（0—0.03]之间的柱状图超出分布线，超出的面积恰好对应于0阈值点左侧柱状图小于分布线的部分（分布线和柱状图外边构成的白色区域），可以初步判断ROA介于[0,0.03）之间的企业中包含实施盈余管理的企业。因此，本文以ROA的中位数为标准，报告ROA为0到0.03的企业定义为微盈企业，即具有避免亏损动机的企业，检验具有避免亏损动机的企业和其他企业其可操纵性应计利润是否存在显著的差异。可操纵利润通过Healy模型、DeAngelo模型、Jones模型、Dechow模型（也称为修正的Jones模型），以及本文改进的MOD模型和建立的JJ模型计量。

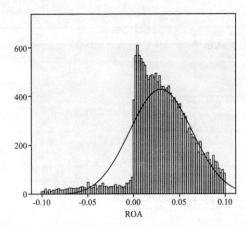

图6.1　ROA介于[−0.1,0.1]之间的企业分布的柱状图

　　表6.3反映具有避免亏损动机的企业与其他企业的应计项目盈余管理差异检验结果。然而检验结果发现不管是哪一种计量方法，微盈企业（即避免亏损动机企业）的可操纵应计利润与其他企业的可操纵应计利润未显示显著差异，并不支持微盈企业通过应计项目进行向上盈余管理的假设，意味着我国资本市场并未发现避免亏损而做盈余管理的证据。

表6.3　避免亏损动机企业与其他企业的盈余管理指标的差异检验结果

	避免亏损动机	N	均值	标准差	t值
Healy	有	1,281	−0.014	0.208	−0.274
	无	19,586	0.062	9.840	
DeAngelo	有	1,281	−0.021	0.095	−0.241
	无	19,586	1.117	168.775	
JONES	有	1,281	−0.003	0.187	−0.368
	无	19,586	0.000	0.801	
DECHOW	有	1,281	−0.004	0.194	−0.612
	无	19,586	0.000	0.787	

续表

	避免亏损动机	N	均值	标准差	t值
MOD	有	1,281	0.002	0.232	0.225
	无	19,586	0.000	0.895	
JJ	有	1,281	−0.005	0.345	−0.084
	无	19,586	0.001	2.397	

二、避免ST动机的应计项目盈余管理

根据我国《上海证券交易所股票上市规则》和《深圳证券交易所股票上市规则》，企业连续两年亏损会冠以风险警示ST，企业的资本成本和监管成本上升，股价下降融资受限，因此前期已亏损一年的企业在后续年度努力报告净盈利，存在避免ST的动机。根据本章的数据分析发现，首次亏损的2,313个样本中，将近70%的样本企业在第二年度实现正盈利成功避免ST。

本文定义已亏一年的企业为避免ST动机的企业，又以Healy模型、DeAngelo模型、Jones模型、Dechow模型（也称为修正的Jones模型）、MOD模型和JJ模型计量应计项目盈余管理程度，分析已亏损一年的企业是否通过应计项目进行盈余管理，从而避免被指定为ST。差异检验结果如表6.4所示，分析发现具有避免ST动机的企业的操纵性应计利润普遍大于其他企业，在Jones、Dechow、MOD计量模型中显示1%水平下显著的差异，意味着上市企业为了不被指定ST进行应计项目盈余管理。

表6.4 避免ST动机企业与其他企业的盈余管理指标的差异检验结果

	避免ST动机	N	均值	标准差	t值
Healy	有	1542	1.019	33.602	1.214
	无	19325	−0.020	2.831	

续表

	避免ST动机	N	均值	标准差	t值
DeAngelo	有	1542	−1.655	54.729	−.674
	无	19325	1.263	169.205	
JONES	有	1542	0.075	0.856	3.602★★★
	无	19325	−0.006	0.771	
DECHOW	有	1542	0.078	0.832	3.828★★★
	无	19325	−0.006	0.758	
MOD	有	1542	0.066	0.839	3.190★★★
	无	19325	−0.005	0.871	
JJ	有	1542	0.258	7.913	1.380
	无	19325	−0.020	0.912	

注）★★★，★★，★，分别表示1%、5%、10%水平上显著。

三、融资动机的应计项目盈余管理

为了检验我国上市企业是否为了融资而进行盈余管理，本文将后续年度通过股权融资和债务融资的企业作为融资动机的企业，分析融资动机企业的可操纵应计利润是否大于其他企业。表6.5，表6.6，表6.7分别反映股权和债务融资动机企业与其他企业、股权融资动机企业与其他企业、债务融资动机企业与其他企业的应计项目盈余管理指标的差异检验结果。

分析结果发现，次年融资的企业当年的可操纵应计利润高于未融资企业，但统计上普遍不显著，只有利用JJ模型计量操纵性应计利润时，债务融资动机企业的操纵性应计利润统计上显著高于未融资企业。简言之，根据本章的研究，本文未能得到确切的具有融资动机的应计项目盈余管理现象。

表6.5 股权和债务融资动机企业与其他企业的盈余管理指标的差异检验结果

	融资动机	N	均值	标准差	t值
Healy	有	10,973	0.002	3.447	−0.877
	无	9,875	0.118	13.373	
DeAngelo	有	10,973	−0.203	20.492	−1.105
	无	9,875	2.438	236.706	
JONES	有	10,973	0.006	0.439	1.201
	无	9,875	−0.007	1.031	
DECHOW	有	10,973	0.007	0.418	1.472
	无	9,875	−0.008	1.019	
MOD	有	10,973	0.005	0.718	0.974
	无	9,875	−0.006	1.010	
JJ	有	10,973	0.017	3.045	1.138
	无	9,875	−0.019	1.050	

表6.6 股权融资动机企业与其他企业的盈余管理指标的差异检验结果

	融资动机	N	均值	标准差	t值
Healy	有	8,292	−0.005	3.428	−0.905
	无	12,556	0.098	11.970	
DeAngelo	有	8,292	−0.010	0.400	−0.759
	无	12,556	1.747	210.793	
JONES	有	8,292	0.006	0.447	0.872
	无	12,556	−0.004	0.934	
DECHOW	有	8,292	0.007	0.412	1.085
	无	12,556	−0.005	0.926	

续表

	融资动机	N	均值	标准差	t值
MOD	有	8,292	0.003	0.795	0.456
	无	12,556	−0.002	0.914	
JJ	有	8,292	−0.018	0.784	−0.878
	无	12,556	0.011	2.927	

表6.7 债务融资动机企业与其他企业的盈余管理指标的差异检验结果

	融资动机	N	均值	标准差	t值
Healy	有	5,092	−0.012	2.890	−0.961
	无	15,756	0.079	10.847	
DeAngelo	有	5,092	−0.429	30.079	−0.741
	无	15,756	1.525	187.394	
JONES	有	5,092	0.010	0.396	1.065
	无	15,756	−0.003	0.866	
DECHOW	有	5,092	0.010	0.402	1.108
	无	15,756	−0.003	0.849	
MOD	有	5,092	0.011	0.376	1.024
	无	15,756	−0.004	0.976	
JJ	有	5,092	0.065	4.367	2.285★★
	无	15,756	−0.021	0.993	

注）★★★，★★，★，分别表示1%、5%、10%水平上显著。

四、薪酬契约动机的应计项目盈余管理

Healy（1985）研究和杨慧辉等（2012）的研究分别通过国外和国内的经验数据验证管理层薪酬契约和盈余管理的相关性，即，管理层通过应计项目或调整真实活动的方式进行有利于薪酬和激励的盈余管理，后续有很多学者做相

似的研究，普遍得出薪酬契约引发盈余管理的结论，现已形成理论。本文在前期理论的基础上重点关注近期在资本市场的兴起的管理层期权激励对于盈余管理的影响。股票期权激励是一把"双刃剑"，把经理人的薪酬与企业价值绑定在一起，降低代理成本，提高企业价值；与此同时，期权激励有可能成为代理问题的一部分，引发管理层的盈余管理动机。肖淑芳（2013）指出在我国上市公司实施的股票期权激励中，企业通过真实活动盈余管理压低考核基期的业绩的结论。本文额外考察股票期权激励考核期的盈余管理行为。表6.8是股票期权激励的公司与其他企业的业绩考核年度的业绩指标（ROE，净资产净利率）和可操纵应计利润的T检验结果。研究结果发现，实施股权激励公司的业绩较高，操纵性应计利润显著大于0，而非激励公司业绩较小，操纵性应计利润小于0。根据前期文献和本文的研究结果可以得出，管理层薪酬激励或期权激励引起上市公司的应计项目盈余管理行为。

表6.8　实施股票期权激励公司与未实施公司的独立样本T检验结果

变量	激励公司（326）	激励公司考核年度（141）	激励公司非考核年度（185）	非激励公司（7372）
ROE	0.165（2.231★★）	0.175（1.672★）	0.157	0.090
DA	0.020（2.133★★）	0.022（1.514）	0.018	−0.011

注：（　）为与非考核年度的均值比较t值；★，★★，★★★分别表示在10%、5%、1%的水平显著。

第三节　应计项目盈余管理经济后果分析

一、资本成本的计量

（一）权益资本成本（r_e）

资本成本的早期研究通过市场风险报酬率模型计算已实现的资本成本，称之为事后（ex-post）资本成本模型，但由于已实现的收益或股利包含市场对企业价值的预期的变化，其准确度较低。随着研究的不断深入，学者们探索事前（ex-ante）资本成本模型，即通过股票价格和盈余预测数据推导预期资本成本。研究证明事前资本成本的测度优于事后资本成本（Fama和French，1997；毛新述等，2012）。本文通过事前资本成本方法计量资本成本，为此借鉴戈登增长模型、PEG模型、MPEG模型、OJ模型多角度估算企业的资本成本。

通过事前资本成本计量模型估计资本成本，需要盈余的预测值，盈余的预测可参考管理层的盈余预测值、证券分析师的盈余预测值，也可以通过统计模型预测未来盈余。由于我国管理层和证券分析师的预测信息不全并预测期间短，使得使用这类信息估计资本成本存在很多缺失值，Hou等（2012）提出盈余预测的统计模型并证明其模型与证券分析师的预测高度一致且具有可靠性。本文利用Hou等（2012）的模型，使用过去10年的数据通过以下模型估计未来盈余。

$$EPS_{i,t+\tau}=\beta_0+\beta_1 MV_{i,t}+\beta_2 TA_{i,t}+\beta_3 DPS_{i,t}+\beta_4 DD_{i,t}+\beta_5 EPS_{i,t}+\beta_6 NEGE_{i,t}+\beta_6 ACC_{i,t}+\varepsilon_{i,t+\tau}$$

上述模型中$EPS_{i,t+\tau}$表示i公司$t+\tau$期的营业利润；$MV_{i,t}$表示i公司t期的企业价值，等于年末权益市场价值+负债的账面价值；$TA_{i,t}$表示i公司t期的企业规模，等于总资产的自然对数；$DPS_{i,t}$表示i公司t期的每股股利；$DD_{i,t}$表示i公司t期的发行股利的虚拟变量；$EPS_{i,t}$表示i公司t期的每股收益；$NEGE_{i,t}$为i公司t期亏损与否的虚拟变量；$ACC_{i,t}$表示i公司t期的总应计利润。

本文利用Hou等（2012）的模型估计的盈余预测值，通过以下模型计量权益资本成本。

1.戈登增长模型（r_e_GG）

Gordon和Gordon（1997）提出，当前股价等于未来股利的折现值,股利增长率恒定（g）时可推导出以下公式：

$$P_0 = \sum_{T=1}^{N} \frac{DPS_T}{(1+r_e)^T} + \frac{EPS_{N+1}}{r_e \cdot (1+r_e)^N} = \sum_{T=1}^{N} \frac{(1+g) \cdot DPS_0}{(1+r_e)^T} + \frac{(1+g)^N \cdot EPS_1}{r_e \cdot (1+r_e)^N}$$

其中，P_0意味着当期普通股股价，DPS_T为T期普通股每股股利，EPS_{N+1}为N+1期的普通股每股收益，g为股利增长率。

假设企业将股利全部支付，并且资本成本（r_e）大于股利增长率（g）时，$\lim\limits_{n \to \infty}(\frac{1+g}{1+r_e})^n = 0$，上述公式可以简化为，$P_0 = \frac{DPS_0 \cdot (1+g)}{r-g}$

2.PEG模型（r_e_PEG）

Easton（2004）基于市盈率（PE）和市盈率相对盈利增长比率（PEG），提出PEG模型。在非正常收益的增长率为0（$\Delta agr = \frac{agr_{t-1}}{agr_t} - 1 = 0$）的假设下得出资本成本（$r_e\_PEG$）如下：

$$r_e = \sqrt{\frac{EPS_2 - EPS_1}{P_0}}$$

3.MPEG模型（r_e_MPEG）

Easton（2004）放宽非正常收益的增长率为0（$\Delta agr = 0$）的假设得出，当非正常收益的增长率为（Δagr）恒定时资本成本为（r_e_MPEG）::

$$r_e = \sqrt{\frac{EPS_2 + r_e \cdot DPS_1 - EPS_1}{P_0}}$$

4.OJ模型（r_e_OJ）

Ohlson和Juettner-Nauroth（2005）放宽股利全部支付的假设，改进Gordon和Gordon（1997）的模型，得到

$$P_0 = \sum_{T=1}^{N} \frac{DPS_T}{(1+r_e)^T} = \frac{EPS_1}{r_e} + \frac{EPS_2 - EPS_1 - r_e \cdot (EPS_1 - DPS_1)}{r_e \cdot (r_e - g_p)}$$

从上述公式推出资本成本（r_e_OJ）：

$$r_e = A + \sqrt{A_2 + \frac{EPS_1(g_2 - (r-1))}{P_0}}$$

$$A = \frac{1}{2} \cdot ((r-1) + \frac{DPS_1}{P_0})$$

$$g_2 = \frac{EPS_2 - EPS_1}{EPS_1}$$

其中，（$r-1$）为gp，是指每股收益的长期增长率，本文借鉴沈红波（2007）的研究，（$r-1$）=R_f-3%，R_f用10年国债收益计算。

（二）债务资本成本（r_d）

本文通过如下公式，当期利息支出除以借款总额的方法计算。

$$r_d = \frac{\ln terest}{Debt}$$

其中$Interest$指当期利息支出，$Debt$为平均借款总额，借款总额包括短期借款、长期借款和应付债券。

（三）加权平均资本成本（r_{wacc}）

根据本文计算的权益资本成本和职务资本成本，通过以下公式计算加权平均资本成本。

$$r_{wacc} = r_e \times \frac{EV}{MV} + r_d \times \frac{Debt}{MV} \times (1 - T_c)$$

其中，r_{wacc}为加权平均资本成本，r_e为本文计算的权益资本成本，r_d为债务资本成本，EV指权益的市场价值，$Debt$指借款总额的市价，本文以账面价值代替，$MV = EV + Debt$，T_c为所得税税率。

二、研究模型

为了研究盈余管理对资本成本的影响，本文建立以下回归模型。

$$y_{it} = \alpha x_{it} + \varepsilon_{it}$$

其中，i和t分别表示面板数据的截面和时间维度。y_{it}为因变量，即表示i企业t年末的资本成本，从权益资本成本（r_e）、债务资本成本（r_d）、加权平均资本成本（r_{wacc}）三个维度衡量。x_{it}表示解释变量和控制变量的集合，包括应计项目盈余管理各项指标（DA_Healy、DA_DeAngelo、DA_Jones、DA_Dechow、DA_MOD、DA_JJ）及企业规模（SIZE）、财务杠杆（LEV）、权益账面价值与市值之比（BTM）、系统风险（BETA）、股票收益率波动性（STD）、价格惯性（MMT）等控制变量。

自变量的计算方法与前一节的定义一致，控制变量的计算方法如下。

（1）公司规模（SIZE）年初总资产的自然对数。

（2）财务杠杆（LEV）

年初资产负债率，即总负债与总资产的比值。

（3）权益账面价值与市值之比（BTM）

年初每股所有者权益的账面价值与每股股价的比值

（4）系统风险（BETA）

截至上年末为止的24个月公司股票收益率与市场回报率，利用证券市场模型估计的贝塔值（BETA）。

（5）股票回报的波动性（STD）

截至上年末为止的24个月的公司股票收益率标准偏差。

（6）价格惯性（MMT）

价格惯性通过前一年的个股股价涨跌幅加1的对数。

三、实证分析结果

表6.9是回归模型的因变量、自变量以及控制变量的描述性统计量。本文分别用四种方法计算权益资本成本（r_e_GG、r_e_PEG、r_e_MPEG、r_e_OJ），其中GG模型计算的权益资本成本（r_e_GG、）较小，平均值为0.027，中位数为0.022；PEG模型和MPEG模型计算的权益资本成本（r_e_PEG、r_e_MPEG）相接近，均值分别为0.082和0.081，中位数分别为0.070和0.069；OJ模型计量的权益资本成本（r_e_OJ）最大，均值和中位数分别为0.106和0.093。上市企业的债务资本成本（r_d）的均值是0.115，中位数为0.060，相差较大，标准偏差大，分布

不均匀。综合权益资本成本和债务资本成本也算出加权平均资本成本的四个指标（$r_{wacc\_}$GG、$r_{wacc\_}$PEG、$r_{wacc\_}$MPEG、$r_{wacc\_}$OJ），基于GG模型计量的加权平均资本成本较小，OJ模型计量的加权平均资本成本较大，根据四个指标的均值大概可以得出，上市公司平均资本成本为6%左右。自变量的统计量，除了DeAngelo模型下的操纵性应计利润，其余的操纵性应计利润均值均接近0，中位数小于0，分布向左侧偏。从控制变量的统计量可以得出，上市公司的平均资产规模为36亿元，最小值和最大值相差较大，意味着上市公司规模差异较大。资产负债率的均值为0.568，中位数为0.497，比较正常，但也发现最大值超过138，资本市场上存在不少资本抵债的企业。权益账面价值与市值之比小于1，意味着上市企业的账面价值小于其市场价值，均值为0.297，反映上市企业的市价大约为账面价值的3.3倍。系统风险的均值和中位数都是正数，并且接近1但小于1，大部分企业的股价波动方向和股市大盘的波动方向相一致。但是我们同时还发现股票回报的波动性较大，我国股市投资风险较大。

表6.9 资本成本和盈余管理各项指标及控制变量的描述性统计量

	N	平均值	中位数	标准偏差	最小值	最大值
$r_{wacc\_}$GG	17212	0.036	0.026	0.342	−1.580	34.030
$r_{wacc\_}$PEG	16829	0.073	0.066	0.195	−16.185	9.236
$r_{wacc\_}$MPEG	13517	0.073	0.067	0.216	−16.185	9.236
$r_{wacc\_}$OJ	12889	0.094	0.088	0.258	−20.769	5.500
r_d	21478	0.115	0.060	2.904	−6.518	383.624
$r_{e\_}$GG	19263	0.027	0.022	0.075	−1.000	6.402
$r_{e\_}$PEG	20544	0.082	0.070	0.057	0.001	1.457
$r_{e\_}$MPEG	15218	0.081	0.069	0.056	−0.085	1.102
$r_{e\_}$OJ	14518	0.106	0.093	0.057	−0.059	1.182
DA_Healy	20867	0.057	−0.001	9.533	−172.486	1310.211
DA_DeAngelo	20867	1.047	−0.011	163.513	−2146.267	23509.272
DA_JONES	20867	0.000	−0.001	0.778	−84.044	24.783

续表

	N	平均值	中位数	标准偏差	最小值	最大值
DA_DECHOW	20867	0.000	−0.002	0.764	−84.115	22.950
DA_MOD	20867	0.000	−0.001	0.869	−82.863	26.976
DA_JJ	20867	0.000	−0.001	2.324	−81.853	309.211
SIZE	27559	21.951	21.759	1.521	10.842	30.892
LEV	20867	0.568	0.497	1.742	−0.195	138.378
BTM	25653	0.297	0.242	0.243	−3.028	2.443
BETA	21349	0.873	0.954	0.625	−7.582	4.899
STD	21349	39.846	40.756	24.806	0.000	326.593
MMT	21349	1.131	1.045	0.802	0.268	22.526

表6.10反映变量间的皮尔逊相关系数。从表中可以看出，除了GG模型，其他模型下的资本成本都具有高度正相关性，PEG、MPEG、OJ模型下的权益资本成本其准确度可能更高。表中还发现，债务资本成本和权益资本成本无显著的相关性，债务市场和股市对于企业所期待的回报无直接相关。另外，本文未发现操纵性应计利润和资本成本的显著的相关性，初步判断资本市场对于企业的应计项目盈余管理的识别能力有限，此猜测需要通过后续的回归分析结果再具体验证。

表6.10　变量间的皮尔逊相关系数

	$r_{wacc—GG}$	$r_{wacc—PEG}$	$r_{wacc—MPEG}$	$r_{wacc—OJ}$	r_d	$r_{e—GG}$	$r_{e—PEG}$	$r_{e—MPEG}$	$r_{e—OJ}$	DA_Healy	DA_DeAngelo	DA_JONES	DA_Dechow	DA_MOD	DA—JI
$r_{wacc—GG}$	1.000														
$r_{wacc—PEG}$	−0.694 (0.000)	1.000													
$r_{wacc—MPEG}$	−0.689 (0.000)	0.999 (0.000)	1.000												
$r_{wacc—OJ}$	−0.822 (0.000)	0.977 (0.000)	0.977 (0.000)	1.000											
r_d	0.001 (0.948)	0.003 (0.666)	0.002 (0.780)	0.002 (0.853)	1.000										
$r_{e—GG}$	0.118 (0.000)	0.056 (0.000)	0.076 (0.000)	0.066 (0.000)	0.003 (0.651)	1.000									
$r_{e—PEG}$	0.044 (0.000)	0.174 (0.000)	0.136 (0.000)	0.095 (0.000)	0.000 (0.967)	−0.140 (0.000)	1.000								
$r_{e—MPEG}$	0.053 (0.000)	0.135 (0.000)	0.149 (0.000)	0.105 (0.000)	−0.002 (0.805)	−0.025 (0.002)	0.967 (0.000)	1.000							

续表

	r_{wacc_GG}	r_{wacc_PEG}	r_{wacc_MPEG}	r_{wacc_OJ}	r_d	r_{e_GG}	r_{e_PEG}	r_{e_MPEG}	r_{e_OJ}	DA_Healy	DA_DeAngelo	DA_JONES	DA_Dechow	DA_MOD	DA_JJ
r_{e_OJ}	0.048 (0.000)	0.120 (0.000)	0.133 (0.000)	0.104 (0.000)	−0.006 (0.486)	−0.140 (0.000)	0.961 (0.000)	0.983 (0.000)	1.000						
DA_Healy	0.000 (0.977)	−0.003 (0.780)	−0.003 (0.795)	−0.004 (0.730)	0.000 (0.988)	0.002 (0.797)	−0.011 (0.219)	−0.013 (0.196)	−0.016 (0.112)	1.000					
DA_DeAngelo	0.000 (0.987)	0.000 (0.997)	0.000 (0.968)	−0.001 (0.913)	0.000 (0.970)	−0.004 (0.620)	−0.001 (0.945)	−0.001 (0.923)	0.001 (0.958)	0.113 (0.000)	1.000				
DA_JONES	−0.001 (0.891)	−0.001 (0.935)	0.000 (0.987)	0.000 (0.992)	0.000 (0.987)	0.009 (0.300)	0.000 (0.961)	0.001 (0.933)	0.000 (0.986)	−0.100 (0.000)	−0.749 (0.000)	1.000			
DA_DECHOW	−0.001 (0.908)	−0.001 (0.917)	0.000 (0.977)	−0.001 (0.988)	0.000 (0.965)	0.011 (0.215)	−0.001 (0.922)	0.001 (0.933)	0.000 (0.969)	0.105 (0.000)	−0.762 (0.000)	0.987 (0.000)	1.000		
DA_MOD	0.000 (0.979)	−0.001 (0.928)	0.000 (0.998)	0.000 (0.988)	0.002 (0.821)	0.011 (0.228)	0.000 (0.975)	0.002 (0.846)	0.000 (0.990)	0.106 (0.000)	−0.661 (0.000)	0.837 (0.000)	0.851 (0.000)	1.000	
DA_JJ	0.000 (0.978)	0.004 (0.691)	0.004 (0.693)	0.004 (0.735)	0.000 (0.964)	0.002 (0.845)	0.009 (0.299)	0.011 (0.252)	0.011 (0.281)	0.140 (0.000)	−0.326 (0.000)	0.328 (0.000)	0.323 (0.000)	0.304 (0.000)	1.000

注：( ) 表示P值

通过不同计量模型计算应计项目盈余管理程度，并验证其对企业的加权平均资本成本的影响的回归分析结果列于表6.11-6.16。除了表6.11的Healy模型下的可操纵应计利润对PEG、MPEG、OJ模型的加权平均资本成本具有显著的影响之外，其余模型的可操纵应计利润的回归系数均不显著。再看表6.11下的Healy模型下的可操纵应计利润的回归系数，系数为显著负数，应计项目盈余管理减少企业的资本成本，与有效的资本市场上惩罚企业的盈余管理行为的理论相违背。另外，企业规模的回归系数普遍反映显著的负数，资产负债率的回归系数为显著的正数，意味着大规模企业的资本成本较小，资产负债率越高企业的资本成本越高，与相关理论一致。权益账面价值与市值之比的回归系数为显著的正数，意味着相对于账面价值，市价高的企业，其成长性高，资本成本低，也符合相关理论。市场风险的回归系数普遍为显著的正数，意味着市场风险越大企业的企业融资所付出的代价越高；价格惯性的系数多数为显著的负数，意味着处于股价上升期的企业更容易以低的成本融资到资金。然而股票回报的波动性的回归系数表示显著的负数，意味着股价波动越大资本成本越小，不符合相关理论。

从回归分析中可以总结出，我国上市企业的资本成本基本符合相关的理论，即企业规模、企业风险和成长性影响资本成本的大小，但是资本市场对于企业的应计项目盈余管理和股价的波动并不要求额外的回报，意味着资本市场无法有效的识别出企业的应计项目盈余管理行为。

表6.11　Healy模型计量的应计项目盈余管理对资本成本的影响

	r_{wacc}_GG	r_{wacc}_PEG	r_{wacc}_MPEG	r_{wacc}_OJ
常数项	−0.051	0.250	0.250	0.260
	（−3.884）	（27.913）	（26.896）	（26.542）
DA_Healy	−0.000	−0.000	−0.000	−0.001
	（−0.042）	（−1.952）	（−1.967）	（−4.149）
SIZE	0.004	−0.008	−0.008	−0.007
	（6.487）	（−20.345）	（−18.948）	（−16.767）

续表

	r_{wacc}_GG	r_{wacc}_PEG	r_{wacc}_MPEG	r_{wacc}_OJ
LEV	0.003	0.005	0.004	0.007
	（3.218）	（7.961）	（6.461）	（7.363）
BTM	0.021	0.030	0.030	0.022
	（6.623）	（15.174）	（14.679）	（10.327）
BETA	0.007	0.003	0.002	0.002
	（4.379）	（2.714）	（2.433）	（1.782）
STD	0.000	0.000	0.000	0.000
	（−9.365）	（−1.118）	（−2.807）	（−2.049）
MMT	0.002	−0.005	−0.005	−0.005
	（1.549）	（−7.234）	（−6.811）	（−6.196）
F值	36.269	162.599	153.421	106.247

注：（　）表示t值

表6.12　DeAngelo模型计量的应计项目盈余管理对资本成本的影响

	r_{wacc}_GG	r_{wacc}_PEG	r_{wacc}_MPEG	r_{wacc}_OJ
常数项	−0.051	0.250	0.250	0.257
	（−3.885）	（27.896）	（26.880）	（26.327）
DA_DeAngelo	0.000	0.000	0.000	0.000
	（−0.057）	（0.368）	（0.349）	（−1.026）
SIZE	0.004	−0.008	−0.008	−0.007
	（6.488）	（−20.332）	（−18.936）	（−16.535）
LEV	0.003	0.005	0.004	0.007
	（3.218）	（7.963）	（6.463）	（7.263）
BTM	0.021	0.030	0.030	0.022
	（6.624）	（15.178）	（14.683）	（10.242）

续表

	r_{wacc}_GG	r_{wacc}_PEG	r_{wacc}_MPEG	r_{wacc}_OJ
BETA	0.007	0.003	0.002	0.002
	（4.378）	（2.703）	（2.421）	（1.784）
STD	−0.000	−0.000	−0.000	−0.000
	（−9.364）	（−1.116）	（−2.804）	（−2.070）
MMT	0.002	−0.005	−0.005	−0.005
	（1.550）	（−7.218）	（−6.795）	（−6.241）
F值	36.500	162.005	152.820	103.735

注：（ ）表示t值

表6.13 Jones模型计量的应计项目盈余管理对资本成本的影响

	r_{wacc}_GG	r_{wacc}_PEG	r_{wacc}_MPEG	r_{wacc}_OJ
常数项	−0.052	0.250	0.250	0.258
	（−3.919）	（27.861）	（26.856）	（26.341）
DA_Jones	0.002	0.001	0.000	−0.001
	（1.265）	（0.691）	（0.340）	（−0.729）
SIZE	0.004	−0.008	−0.008	−0.007
	（6.510）	（−20.312）	（−18.923）	（−16.553）
LEV	0.004	0.005	0.004	0.007
	（3.381）	（7.962）	（6.424）	（7.254）
BTM	0.021	0.030	0.030	0.022
	（6.653）	（15.192）	（14.687）	（10.239）
BETA	0.006	0.003	0.002	0.002
	（4.358）	（2.685）	（2.410）	（1.800）
STD	−0.000	−0.000	−0.000	−0.000
	（−9.354）	（−1.107）	（−2.798）	（−2.082）

续表

	r_{wacc}_GG	r_{wacc}_PEG	r_{wacc}_MPEG	r_{wacc}_OJ
MMT	0.002	−0.005	−0.005	−0.005
	（1.559）	（−7.216）	（−6.793）	（−6.235）
F值	36.503	162.067	152.819	103.654

注：（ ）表示t值

表6.14　Dechow模型计量的应计项目盈余管理对资本成本的影响

	r_{wacc}_GG	r_{wacc}_PEG	r_{wacc}_MPEG	r_{wacc}_OJ
常数项	−0.052	0.250	0.250	0.258
	（−3.921）	（27.870）	（26.862）	（26.343）
DA_Dechow	0.003	0.001	0.000	−0.001
	（1.767）	（0.718）	（0.375）	（−0.850）
SIZE	0.004	−0.008	−0.008	−0.007
	（6.507）	（−20.319）	（−18.927）	（−16.554）
LEV	0.004	0.005	0.004	0.007
	（3.474）	（7.957）	（6.419）	（7.253）
BTM	0.021	0.030	0.030	0.022
	（6.663）	（15.192）	（14.688）	（10.241）
BETA	0.006	0.003	0.002	0.002
	（4.353）	（2.685）	（2.410）	（1.799）
STD	0.000	0.000	0.000	0.000
	（−9.352）	（−1.107）	（−2.798）	（−2.081）
MMT	0.002	−0.005	−0.005	−0.005
	（1.565）	（−7.213）	（−6.791）	（−6.238）
F值	36.725	162.067	152.823	103.684

注：（ ）表示t值

表6.15 本文的修正（MOD）模型计量的应计项目盈余管理对资本成本的影响

	r_{wacc}_GG	r_{wacc}_PEG	r_{wacc}_MPEG	r_{wacc}_OJ
常数项	−0.052	0.250	0.250	0.258
	（−3.908）	（27.866）	（26.855）	（26.353）
DA_MOD	0.001	0.000	0.000	−0.001
	（1.243）	（0.446）	（0.295）	（−1.097）
SIZE	0.004	−0.008	−0.008	−0.007
	（6.504）	（−20.314）	（−18.921）	（−16.567）
LEV	0.003	0.005	0.004	0.007
	（3.324）	（7.922）	（6.418）	（7.267）
BTM	0.021	0.030	0.030	0.022
	（6.632）	（15.184）	（14.686）	（10.249）
BETA	0.007	0.003	0.002	0.002
	（4.377）	（2.686）	（2.408）	（1.808）
STD	−0.000	−−0.000	−0.000	−0.000
	（−9.357）	（−1.108）	（−2.797）	（−2.086）
MMT	0.002	−0.005	−0.005	−0.005
	（1.553）	（−7.220）	（−6.795）	（−6.225）
F值	36.494	162.016	152.814	103.758

注：（ ）表示t值

表6.16 本文的新建（JJ）模型计量的应计项目盈余管理对资本成本的影响

	r_{wacc}_GG	r_{wacc}_PEG	r_{wacc}_MPEG	r_{wacc}_OJ
常数项	−0.052	0.249	0.249	0.257
	（−3.910）	（27.829）	（26.821）	（26.295）
DA_JJ	0.001	0.001	0.001	0.000
	（0.798）	（1.216）	（1.000）	（0.439）

续表

	$r_{wacc\_}$GG	$r_{wacc\_}$PEG	$r_{wacc\_}$MPEG	$r_{wacc\_}$OJ
SIZE	0.004	−0.008	−0.008	−0.007
	（6.509）	（−20.280）	（−18.891）	（−16.511）
LEV	0.003	0.005	0.004	0.007
	（3.275）	（8.046）	（6.531）	（7.259）
BTM	0.021	0.030	0.030	0.022
	（6.632）	（15.196）	（14.697）	（10.245）
BETA	0.006	0.003	0.002	0.002
	（4.368）	（2.670）	（2.394）	（1.783）
STD	0.000	0.000	0.000	0.000
	（−9.363）	（−1.100）	（−2.791）	（−2.076）
MMT	0.002	−0.005	−0.005	−0.005
	（1.556）	（−7.218）	（−6.794）	（−6.237）
F值	36.362	162.223	152.960	103.601

注：（　）表示t值

第四节　本章结论

本章主要衡量上市公司的应计项目盈余管理程度，并分析我国上市公司盈余管理的动机和市场对于应计项目盈余管理的反映。本章的研究结论从以下三个方面总结。

第一，我国资本市场上存在通过应计项目的盈余管理现象。

第二，从避免亏损动机、融资动机、政治动机、薪酬契约动机等几个角度分析我国上市公司盈余管理行为，我们发现我国资本市场存在避免ST动机的盈余管理和薪酬契约动机的盈余管理。已亏一年的企业为了减少被指定ST而带来的负面影响而做盈余管理；不管是在普通薪酬契约还是期权激励方案都未能解决信息不对称和委托代理问题而导致盈余管理。

第三，目前我国资本市场未能识别企业所实施的应计项目盈余管理行为，因而市场对盈余管理企业不要求额外的投资回报，市场本身无法惩罚企业的应计项目盈余管理行为。

第七章

上市公司盈余管理实证——真实活动盈余管理

第一节 真实活动盈余管理的计量

近些年国内外对于真实活动盈余管理的计量多数借鉴Roychowdhury（2006）的真实活动盈余管理模型，本文也借鉴Roychowdhury（2006）提出的异常经营现金净流量（ACFO）、异常生产成本（APROD）、异常可操纵费用（ADE）三个指标来计量真实活动盈余管理。这三种真实活动盈余管理的代表值的推算过程如下：

$$CEO_{it} = \alpha(\frac{1}{A_{it-1}}) + \beta(\frac{REV_{it}}{A_{it-1}}) + \gamma(\frac{\Delta REV_{it}}{A_{it-1}}) + \varepsilon_{it} \qquad 公式7.1$$

$$PROD_{it} = \alpha(\frac{1}{A_{it-1}}) + \beta(\frac{REV_{it}}{A_{it-1}}) + \gamma(\frac{\Delta REV_{it}}{A_{it-1}}) + \delta(\frac{\Delta REV_{it-1}}{A_{it-1}}) + \varepsilon_{it} \qquad 公式7.2$$

$$DE_{it} = \alpha(\frac{1}{A_{it-1}}) + \beta(\frac{REV_{it}}{A_{it-1}}) + \varepsilon_{it} \qquad 公式7.3$$

其中，

CFO_{it}：i企业t年的经营活动现金流量；（经营活动产生的现金流量净额）$/A_{it-1}$

$PROD_{it}$：i企业t年的生产成本；（i企业t年的销售成本和存货增加额之和）$/A_{it-1}$

DE_{it}：i企业t年的可操纵费用；（销售费用和管理费用之和）$/A_{it-1}$

A_{it-1}：i企业t-1年末资产总额

REV_{it}：i企业t年的销售收入

$\triangle REV_{it}$：i企业t年的销售收入的增减变动额

$\triangle REV_{it-1}$：i企业t-1年的销售收入的增减变动额

ε_{it}：残差项

通过上述回归方程对每个样本企业分年度分行业进行回归分析，用OLS预测的残差项（ε_{it}）分别为异常经营现金净流量（ACFO），异常生产成本（APROD）和异常可操纵费用（ADE），以此衡量真实活动盈余管理的程度。

第二节　真实活动盈余管理动机分析

一、避免亏损动机的真实活动盈余管理

本章沿用第六章的思路，以ROA的中位数为标准，报告ROA为0到0.03的企业定义为微盈企业，即具有避免亏损动机的企业，检验具有避免亏损动机的企业和其他企业其真实活动盈余管理指标是否存在显著的差异。真实活动盈余管理通过分行业分年度横截面Roychowdhury（2006）模型，分别计算出异常经营现金净流量（ACFO），异常生产成本（APROD）和异常可操纵费用（ADE），检验微盈企业与其他企业是否显示出显著的差异。差异检验结果发现，具有避免亏损动机的企业异常生产成本（APROD）显著高于其他企业，异常可操纵费用（ADE）显著低于其他企业，表示上市企业通过生产操控、节约研发广告费用等方式进行向上盈余管理。

结合第六章避免亏损动机的应计项目盈余管理检验结果，我们得出表7.1，在我国资本市场上，上市企业具有避免亏损的盈余管理动机，但是盈余管理方式上上市公司更倾向于选择真实活动盈余管理方式，而不是应计项目盈余管理。

表7.1　避免亏损动机企业与其他企业的盈余管理指标的差异检验结果

	避免亏损动机	N	均值	标准差	t值
ACFO	有	5,092	−0.013	0.310	−1.529
	无	15,756	0.001	0.464	
APROD	有	5,092	0.025	0.487	2.229★★
	无	15,756	0.001	0.771	

续表

	避免亏损动机	N	均值	标准差	t值
ADE	有	5,092	−0.019	0.236	−3.718★★★
	无	15,756	−0.001	0.183	

注：★★★，★★，★，分别表示1%、5%、10%水平上显著。

二、避免ST动机的真实活动盈余管理

表7.2表示避免ST动机的真实活动盈余管理检验结果。已亏损一年，具有避免ST动机的企业的异常生产成本（APROD）的均值为0.060,1%水平下显著高于其他企业，异常经营活动现金流（ACFO）和异常可操纵费用（ADE）低于其他企业，但是统计上并不显著。研究结果反映，我国上市企业为了避免ST而进行过度生产，以此来提高当期利润。

结合避免ST动机的应计项目盈余管理的检验结果可以得出，在我国资本市场上避免ST动机盈余管理现象比较明显，企业既通过应计项目，也通过调整真实经营活动尤其是调整生产活动的方式进行盈余管理，以此来避免再次亏损，防止冠以ST。

表7.2　避免ST动机企业与其他企业的盈余管理指标的差异检验结果

	避免ST动机	N	均值	标准差	t值
ACFO	有	5,092	−0.018	0.695	−1.037
	无	15,756	0.001	0.421	
APROD	有	5,092	0.060	1.186	1.977★★
	无	15,756	−0.001	0.694	
ADE	有	5,092	−0.006	0.511	−0.237
	无	15,756	−0.003	0.136	

注：★★★，★★，★，分别表示1%、5%、10%水平上显著。

三、融资动机的真实活动盈余管理

表7.3，表7.4和表7.5分别反映股权和债务融资动机企业与其他企业、股权融资动机企业与其他企业、债务融资动机企业与其他企业的真实活动盈余管理指标的差异检验结果。融资动机的定义与第六章的定义一致。

表7.3　股权和债务融资动机企业与其他企业的盈余管理指标的差异检验结果

	融资动机	N	均值	标准差	t值
ACFO	有	5,092	0.003	0.411	1.384
	无	15,756	−0.003	0.360	
APROD	有	5,092	−0.008	0.683	−2.358**
	无	15,756	0.009	0.552	
ADE	有	5,092	0.002	0.184	2.111**
	无	15,756	−0.002	0.192	

注：***，**，*，分别表示1%、5%、10%水平上显著。

表7.4　股权融资动机企业与其他企业的盈余管理指标的差异检验结果

	融资动机	N	均值	标准差	t值
ACFO	有	5,092	0.003	0.284	1.267
	无	15,756	−0.002	0.451	
APROD	有	5,092	−0.019	0.558	−4.508***
	无	15,756	0.013	0.671	
ADE	有	5,092	0.005	0.191	4.542***
	无	15,756	−0.004	0.184	

注：***，**，*，分别表示1%、5%、10%水平上显著。

表7.5　债务融资动机企业与其他企业的盈余管理指标的差异检验结果

	融资动机	N	均值	标准差	t值
ACFO	有	5,092	−0.001	0.579	−0.274
	无	15,756	0.000	0.308	
APROD	有	5,092	0.012	0.923	1.384
	无	15,756	−0.004	0.503	
ADE	有	5,092	−0.008	0.218	−4.098★★
	无	15,756	0.002	0.177	

注：★★★，★★，★，分别表示1%、5%、10%水平上显著。

　　分析结果发现具有融资动机，尤其是股权融资动机的企业的异常生产成本（APROD）显著低于其他企业，异常可操纵费用（ADE）显著高于其他企业，与融资动机企业进行向上盈余管理的假设相背离。具有债务融资动机的企业，其异常可操纵费用（ADE）显著低于其他企业，与融资动机企业向上盈余管理的理论相一致。

　　结合第六章的分析得出，在我国资本市场上未发现股权融资动机的盈余管理现象，上市企业仅在债务融资之前通过削减研发费用、广告促销费用或其他裁量性费用的方式调增利润。

四、薪酬契约动机的真实活动盈余管理

　　表7.6是股票期权激励的公司与其他企业的业绩考核年度的业绩指标（ROE，净资产净利率）和真实活动盈余管理各项指标的T检验结果。研究结果发现，实施股权激励公司的业绩比其他公司较高外，异常生产成本（APROD）显著低于0，异常可操控费用（ADE）操纵性应计利润显著大于0，但是激励考核年度的相关指标在统计上并不显著。研究结果可以反映管理层期权激励并不引发真实活动盈余管理。本章结合第六章的研究结果得出，在我国资本市场上管理层薪酬和激励主要引发上市公司的应计项目盈余管理行为，但

并未引起真实活动盈余管理。

表7.6　实施股票期权激励公司与未实施公司的独立样本T检验结果

变量	激励公司（326）	激励公司考核年度（141）	激励公司非考核年度（185）	非激励公司（7372）
ROE	0.165（2.231★★）	0.175（1.672★）	0.157	0.090
ACFO	0.001（0.699）	0.010（1.528）	−0.007	−0.004
APROD	−0.090（−2.248★★）	−0.073（−1.216）	−0.102	−0.002
ADE	0.010（4.272★★★）	0.009（2.837★★★）	0.011	−0.010

注：（ ）为与非考核年度的均值比较t值；★，★★，★★★分别表示在10%、5%、1%的水平显著。

第三节　真实活动盈余管理经济后果分析

一、研究模型

为了研究盈余管理对资本成本的影响，本文沿用第六章的思路，应用以下回归模型。

$$y_{it} = \alpha x_{it} + \varepsilon_{it}$$

其中，i和t分别表示面板数据的截面和时间维度。y_{it}为因变量，即表示i企业t年末的资本成本，从权益资本成本（r_e）、债务资本成本（r_d）、加权平均资本成本（r_{wacc}）三个维度衡量，资本成本的计量参考第六章的定义。x_{it}表示解释变量和控制变量的集合，包括真实活动盈余管理各项指标（ACFO、APROD、ADE）及企业规模（SIZE）、财务杠杆（LEV）、权益账面价值与市值之比（BTM）、系统风险（BETA）、股票收益率波动性（STD）、价格惯性（MMT）等控制变量。自变量的计算方法与前一节的定义一致，控制变量的定义与前一章的定义一致。

二、实证分析结果

表7.7是回归模型的因变量、自变量以及控制变量的描述性统计量。本文分别用四种方法计算权益资本成本（r_e_GG、r_e_PEG、r_e_MPEG、r_e_OJ），其中GG模型计算的权益资本成本（r_e_GG、）较小，PEG模型和MPEG模型计算的权益资本成本（r_e_PEG、r_e_MPEG）相接近，OJ模型计量的权益资本成本（r_e_OJ）最大。上市企业的债务资本成本（r_d）的均值是0.115，中位数为0.060，相差较大，分布不均匀。综合权益资本成本和债务资本成本算出了加权平均资本成本的四个指标（r_{wacc}_GG、r_{wacc}_PEG、r_{wacc}_MPEG、r_{wacc}_OJ），同样，基于

GG模型计量的加权平均资本成本较小，OJ模型计量的加权平均资本成本较大，根据四个指标的均值大概可以得出，上市公司平均资本成本为6%左右。自变量的统计量，异常现金流、异常生产成本和异常可操控费用的均值和中位数均接近0。另外我们还发现上市公司的平均资产规模为36亿元，上市公司规模差异较大。资产负债率的均值为0.568，中位数为0.497，比较正常，但同时也发现资本市场上存在不少资本抵债的企业。权益账面价值与市值之比小于1，意味着上市企业的账面价值小于其市场价值，均值为0.297，反映上市企业的市价大约为账面价值的3.3倍。系统风险的均值和中位数都是正数，并且接近1但小于1，大部分企业的股价波动方向和股市大盘的波动方向相一致。但是我们同时还发现股票回报的波动性较大，我国股市投资风险较大。

表7.7 资本成本各项指标、真实活动盈余管理指标以及控制变量的描述性统计量

	N	平均值	中位数	标准偏差	最小值	最大值
r_{wacc}_GG	17212	0.036	0.026	0.342	−1.580	34.030
r_{wacc}_PEG	16829	0.073	0.066	0.195	−16.185	9.236
r_{wacc}_MPEG	13517	0.073	0.067	0.216	−16.185	9.236
r_{wacc}_OJ	12889	0.094	0.088	0.258	−20.769	5.500
r_d	21478	0.115	0.060	2.904	−6.518	383.624
r_e_GG	19263	0.027	0.022	0.075	−1.000	6.402
r_e_PEG	20544	0.082	0.070	0.057	0.001	1.457
r_e_MPEG	15218	0.081	0.069	0.056	−0.085	1.102
r_e_OJ	14518	0.106	0.093	0.057	−0.059	1.182
ACFO	35689	0.000	0.003	0.396	−16.899	40.078
APROD	34061	0.000	0.005	0.601	−19.956	56.739

续表

	N	平均值	中位数	标准偏差	最小值	最大值
ADE	37335	0.000	−0.014	0.184	−14.161	13.468
SIZE	27559	21.951	21.759	1.521	10.842	30.892
LEV	20867	0.568	0.497	1.742	−0.195	138.378
BTM	25653	0.297	0.242	0.243	−3.028	2.443
BETA	21349	0.873	0.954	0.625	−7.582	4.899
STD	21349	39.846	40.756	24.806	0.000	326.593
MMT	21349	1.131	1.045	0.802	0.268	22.526

表7.8反映变量间的皮尔逊相关系数。从表中可以看出，除了GG模型，其他模型下的资本成本都具有高度正相关性，PEG、MPEG、OJ模型下的权益资本成本其准确度可能更高。表中还发现，债务资本成本和权益资本成本无显著的相关性，债务市场和股市对于企业所期待的回报无直接相关。另外，真实活动盈余管理的三个指标，即销售操控指标、生产操控指标和费用操控指标和资本成本各项指标未显示显著的相关性，初步判断资本市场对于企业的真实活动盈余管理的识别能力有限，此猜测需要通过后续的回归分析结果再具体验证。

本章还考察了真实活动盈余管理的三个指标和应计项目盈余管理各项指标间的皮尔逊相关系数，列于表7.9。真实活动盈余管理中的生产操控指标（APROD）与Jones模型、Dechow模型、Mod模型下的应计项目盈余管理指标显著正相关，通过过度生产方式实施生产操控的企业同样也用应计项目实施盈余管理。费用操控指标（ADE）越小意味着企业实施费用操控，而费用操控（APROD）与Jones模型、Dechow模型、Mod模型下的应计项目盈余管理指标显著正相关，意味着实施费用操控的企业的可操纵应计利润小，可以判断费用操控主要是通过伴随着现金的费用，如削减当期实际广告投入或研发投入等方式进行盈余管理。

表7.8 自变量和因变量之间的皮尔逊相关系数

	r_{wacc_GG}	r_{wacc_PEG}	r_{wacc_MPEG}	r_{wacc_OJ}	r_d	r_{e_GG}	r_{e_PEG}	r_{e_MPEG}	r_{e_OJ}	ACFO	APROD	ADE
r_{wacc_GG}	1.000											
r_{wacc_PEG}	−0.694 （0.000）	1.000										
r_{wacc_MPEG}	−0.689 （0.000）	0.999 （0.000）	1.000									
r_{wacc_OJ}	−0.822 （0.000）	0.977 （0.000）	0.977 （0.000）	1.000								
r_d	0.001 （0.948）	0.003 （0.666）	0.002 （0.780）	0.002 （0.853）	1.000							
r_{e_GG}	0.118 （0.000）	0.056 （0.000）	0.076 （0.000）	0.066 （0.000）	0.003 （0.651）	1.000						
r_{e_PEG}	0.044 （0.000）	0.174 （0.000）	0.136 （0.000）	0.095 （0.000）	0.000 （0.967）	−0.140 （0.000）	1.000					
r_{e_MPEG}	0.053 （0.000）	0.135 （0.000）	0.149 （0.000）	0.105 （0.000）	−0.002 （0.805）	−0.025 （0.002）	0.967 （0.000）	1.000				

续表

	r_{WACC_GG}	r_{WACC_PEG}	r_{WACC_MPEG}	r_{WACC_OJ}	r_d	r_{e_GG}	r_{e_PEG}	r_{e_MPEG}	r_{e_OJ}	ACFO	APROD	ADE
r_{e_OJ}	0.048 (0.000)	0.120 (0.000)	0.133 (0.000)	0.104 (0.000)	−0.006 (0.486)	−0.140 (0.000)	0.961 (0.000)	0.983 (0.000)	1.000			
ACFO	0.001 (0.921)	−0.003 (0.717)	−0.002 (0.843)	0.001 (0.945)	0.003 (0.648)	0.023 (0.002)	0.001 (0.899)	0.007 (0.361)	0.009 (0.272)	1.000		
APROD	−0.002 (0.845)	0.002 (0.845)	−0.003 (0.748)	−0.001 (0.877)	−0.002 (0.769)	−0.016 (0.030)	0.038 (0.000)	0.020 (0.013)	0.029 (0.000)	0.129 (0.000)	1.000	
ADE	0.000 (1.000)	0.001 (0.896)	0.000 (0.990)	0.000 (0.969)	0.001 (0.832)	0.010 (0.154)	−0.013 (0.076)	−0.015 (0.059)	−0.020 (0.018)	0.128 (0.000)	−0.171 (0.000)	1.000

注：（ ）表示P值

表7.9 应计项目盈余管理各项指标及真实活动盈余管理各项指标间的皮尔逊相关系数

	DA_Healy	DA_DeAngelo	DA_JONES	DA_DECHOW	DA_MOD	DA_JJ	ACFO	APROD	ADE
DA_Healy	1.000								
DA_DeAngelo	−0.100 (0.000)	1.000							

续表

	DA_Healy	DA_DeAngelo	DA_JONES	DA_DECHOW	DA_MOD	DA_JJ	ACFO	APROD	ADE
DA_JONES	0.113	-0.749	1.000						
	(0.000)	(0.000)							
DA_DECHOW	0.105	-0.762	0.987	1.000					
	(0.000)	(0.000)	(0.000)						
DA_MOD	0.106	-0.661	0.837	0.851	1.000				
	(0.000)	(0.000)	(0.000)	(0.000)					
DA_JJ	0.140	-0.326	0.328	0.323	0.304	1.000			
	(0.000)	(0.000)	(0.000)	(0.000)	(0.000)				
ACFO	-0.002	0.000	0.015	0.012	0.006	0.002	1.000		
	(0.730)	(0.965)	(0.029)	(0.086)	(0.408)	(0.780)			
APROD	0.002	0.000	0.014	0.020	0.013	0.004	0.129	1.000	
	(0.774)	(0.999)	(0.049)	(0.004)	(0.067)	(0.557)	(0.000)		
ADE	0.001	0.000	0.014	0.018	0.016	0.003	0.128	-0.171	1.000
	(0.853)	(0.979)	(0.041)	(0.010)	(0.021)	(0.695)	(0.000)	(0.000)	

注：（ ）表示P值

　　表7.10-7.12分别表示销售操控、生产操控及费用操控对企业的加权平均资本成本的影响。与第六章的研究结论相一致，真实活动盈余管理的三个指标的回归系数均不显著，我们未发现市场对于真实活动盈余管理的及时的反映。另外，企业规模的回归系数普遍反映显著的负数，资产负债率的回归系数为显著的正数，意味着大规模企业的资本成本较小，资产负债率越高企业的资本成本越高，与相关理论一致。权益账面价值与市值之比的回归系数为显著的正数，意味着相对于账面价值，市价高的企业，其成长性高，资本成本低，也符合相关理论。市场风险的回归系数普遍为显著的正数，意味着市场风险越大企业的企业融资所付出的代价越高；价格惯性的系数多数为显著的负数，意味着处于股价上升期的企业更容易以低的成本融资到资金。然而股票回报的波动性的回归系数表示显著的负数，意味着股价波动越大资本成本越小，不符合相关理论。

　　从回归分析中可以总结出与第六章相同的结论，我国上市企业的资本成本基本符合相关的理论，即企业规模、企业风险和成长性影响资本成本的大小，但是资本市场对于企业的真实活动盈余管理和股价的波动并不要求额外的回报，意味着资本市场无法有效的识别出企业的真实活动盈余管理行为。

表7.10　异常现金流对资本成本的影响

	r_{wacc}_GG	r_{wacc}_PEG	r_{wacc}_MPEG	r_{wacc}_OJ
常数项	−0.050	0.250	0.250	0.258
	（−3.775）	（27.928）	（26.918）	（26.350）
ACFO	0.003	0.001	0.002	0.000
	（2.684）	（0.954）	（1.461）	（0.060）
SIZE	0.004	−0.008	−0.008	−0.007
	（6.359）	（−20.371）	（−18.985）	（−16.560）
LEV	0.004	0.005	0.004	0.007
	（3.522）	（7.953）	（6.618）	（7.248）
BTM	0.021	0.030	0.030	0.022
	（6.667）	（15.178）	（14.692）	（10.229）

续表

	$r_{wacc\_}$GG	$r_{wacc\_}$PEG	$r_{wacc\_}$MPEG	$r_{wacc\_}$OJ
BETA	0.007	0.003	0.002	0.002
	（4.418）	（2.720）	（2.444）	（1.800）
STD	0.000	0.000	0.000	0.000
	（−9.417）	（−1.125）	（−2.816）	（−2.083）
MMT	0.002	−0.005	−0.005	−0.005
	（1.589）	（−7.222）	（−6.800）	（−6.237）
F值	37.334	162.248	153.238	103.656

注：（ ）表示t值

表7.11　异常生产成本对资本成本的影响

	$r_{wacc\_}$GG	$r_{wacc\_}$PEG	$r_{wacc\_}$MPEG	$r_{wacc\_}$OJ
常数项	−0.051	0.249	0.250	0.257
	（−3.890）	（27.845）	（26.860）	（26.301）
APROD	0.000	0.002	0.001	0.001
	（0.166）	（1.471）	（0.495）	（1.047）
SIZE	0.004	−0.008	−0.008	−0.007
	（6.492）	（−20.280）	（−18.919）	（−16.507）
LEV	0.003	0.005	0.004	0.007
	（3.223）	（7.928）	（6.446）	（7.204）
BTM	0.021	0.029	0.030	0.022
	（6.628）	（15.123）	（14.653）	（10.185）
BETA	0.007	0.003	0.002	0.002
	（4.374）	（2.671）	（2.412）	（1.774）
STD	0.000	0.000	0.000	0.000
	（−9.364）	（−1.133）	（−2.810）	（−2.098）

续表

	$r_{wacc\_}$GG	$r_{wacc\_}$PEG	$r_{wacc\_}$MPEG	$r_{wacc\_}$OJ
MMT	0.002	−0.005	−0.005	−0.005
	（1.555）	（−7.207）	（−6.790）	（−6.232）
F值	36.286	162.450	152.935	103.826

注：（ ）表示t值

表7.12　异常可操控费用对资本成本的影响

	$r_{wacc\_}$GG	$r_{wacc\_}$PEG	$r_{wacc\_}$MPEG	$r_{wacc\_}$OJ
常数项	−0.051	0.250	0.250	0.258
	（−3.864）	（27.943）	（26.942）	（26.397）
ADE	0.004	0.003	0.005	0.005
	（0.933）	（1.235）	（1.819）	（1.731）
SIZE	0.004	−0.008	−0.008	−0.007
	（6.447）	（−20.388）	（−19.013）	（−16.623）
LEV	0.003	0.005	0.004	0.007
	（3.251）	（7.981）	（6.494）	（7.306）
BTM	0.021	0.030	0.030	0.022
	（6.685）	（15.217）	（14.776）	（10.345）
BETA	0.007	0.003	0.002	0.002
	（4.414）	（2.739）	（2.472）	（1.848）
STD	0.000	0.000	0.000	0.000
	（−9.344）	（−1.081）	（−2.754）	（−2.038）
MMT	0.002	−0.005	−0.005	−0.005
	（1.556）	（−7.215）	（−6.788）	（−6.238）
F值	36.409	162.347	153.426	104.122

注：（ ）表示t值

第四节　本章结论

本章计量销售操控、生产操控、费用操控等真实活动盈余管理程度，分析我国上市公司真实活动盈余管理的动机和市场对于真实活动盈余管理的反应。通过本章的分析结果和前一章的研究结论，可以总结出以下现象。

第一，我国资本市场上既存在通过应计项目的盈余管理，也存在调整真实生产经营活动的盈余管理。

第二，我们发现我国资本市场存在避免ST动机的盈余管理和薪酬契约动机的盈余管理，并且为了避免ST和薪酬企业，企业既用应计项目，也通过真实活动进行盈余管理。已亏一年的企业为了减少被指定ST而带来的负面影响而做应计项目和真实活动盈余管理；不管是在普通薪酬契约还是期权激励方案都未能解决信息不对称和委托代理问题而导致应计项目盈余管理和伴随现金流的盈余管理。

第三，目前我国资本市场未能识别企业所实施的盈余管理行为，因而市场对盈余管理企业不要求额外的投资回报，市场本身无法惩罚企业的应计项目和真实活动盈余管理行为。

第六章和第七章的研究结果也意味着我国资本市场不能完全依赖市场的自身的调节作用，还是需要更多地监管措施，防止企业的盈余管理行为，构建健全的资本市场。

第八章

研究结论

第一节 结论与政策建议

一、研究结论

本书梳理了过去三十年间我国上市公司发展历程及会计盈余和盈余管理现状，将盈余管理区分为应计项目盈余管理和真实活动盈余管理，从理论到案例，从案例到实证的方法路径研究盈余管理的动机及其经济后果。

通过本书的研究得出以下结论。

首先，我国的资本市场历经30年的发展，上市融资的企业数量逐年增加，已有近4,000家企业通过主板市场实现融资，为企业的发展创造融资渠道。我国上市企业规模越来越大，行业分布越来越广。上市企业通过沪深资本市场获得融资，并得到快速的发展。上市融资的企业涉及各行各业，盈利模式多样，越来越多的具有潜力的企业通过资本市场解决融资问题。

其次，我国上市企业利润规模逐步提高，盈利的主要来源为正常的生产经营活动。通过上市企业过去30年的盈利数据发现，我国上市企业的利润规模逐步提高，销售净利润的平均值为正，并维持在合理的水平，上市融资促进企业的发展，形成良性循环，有利于建设健康的市场秩序。毛利润、营业利润和净利润的变化方向相一致，意味着上市融资的企业的主要盈利来源为正常的生产经营活动，有利于企业的可持续的发展。

再次，会计盈余和现金流在0阈值点出的不平滑现象，并且此现象在会计盈余的分布中更加明显，存在避免亏损的盈余管理动机，并且通过应计利润的盈余管理比真实活动盈余管理更加普遍。本文研究还发现，实施新企业会计准则后会计利润与现金利润的差异减少，会计信息的谨慎性弱化，相关性提高。

另外，我国资本市场存在避免ST动机的盈余管理和薪酬契约动机的盈余管理，并且通过案例和实证分析发现，上市企业为了避免ST和薪酬企业，既用应计项目，也通过真实活动进行盈余管理。已亏一年的企业为了减少被指定ST而带来的负面影响而做应计项目和真实活动盈余管理；不管是在普通薪酬契约还是期权激励方案都未能解决信息不对称和委托代理问题而导致应计项目盈余管理和伴随现金流的盈余管理。

最后，我国上市企业的资本成本基本符合相关的理论，即企业规模、企业风险和成长性影响资本成本的大小，但是资本市场对于企业的应计项目盈余管理和股价的波动并不要求额外的回报，意味着资本市场无法有效的识别出企业的应计项目盈余管理行为。

二、政策建议

我国资本市场上既存在应计项目盈余管理，又存在真实活动盈余管理，我国上市企业存在明显的盈余管理动机，企业实施盈余管理既通过应计制的会计准则，又通过调整真实活动的方式进行盈余管理，然而市场对盈余管理的识别能力和惩罚及调节作用有限，因此有必要通过政策监管的方式促进资本市场的健康发展。

第一，通过进一步完善企业会计准则及提高执行力度来压缩盈余管理空间。不同行业、不同业务以及不同盈利模式，在营业收入和营业成本的确认条件、时点和方式等方面产生的争议，有必要通过进一步细化制度或指引来规范。在经济高速发展且企业业务日益复杂的阶段，当出现新交易或新业务时，配套的会计准则和制度应及时跟进。

第二，我国上市与退市制度过度单一侧重于净利润指标，其本意是保护投资者利益，但是上市融资的巨大吸引力和"壳资源"的稀缺性，引发了上市公司通过各种手段操纵利润，导致上市公司"停而不退"，甚至出现"壳资源"的炒作。伴随着我国IPO注册制改革，应制定更适合我国证券市场特征的复合标准退市机制，使股票市场充分发挥市场机制，从而根除盈余管理动机。

第三，管理层薪酬机制大多依赖于业绩，尤其是盈余数据，从而引发盈余管理。通过研究并优化管理层及员工激励机制，在合理范围内让薪酬契约脱离于业绩信息，从制度上消除盈余管理的内在动因。

第四，可通过加强审计，动用投资者监督、媒体监督和市场监调节手段，遏制利润操纵行为和空间，确保会计信息的可信性，提高会计信息的价值相关性。

第二节 本研究的创新点与局限性

本研究具有以下创新。

一、盈余管理的识别的创新

（1）对原有模型的改进。本文基于原有的Jones模型、修正的Jones模型的建模思路，循序渐进地改进现有模型而得到Mod模型，在改进过程中剔除了当期新增的容易被操控的长期资产，降低了污染变量带来的噪音，从而提高模型的解释效力。

（2）脱离以往的建模思路，基于收入费用的全新视角新建立JJ模型。在新建模型时考虑报表之间的钩稽关系，使会计实证模型更加贴近会计实践，这是本文最大的创新点。

二、研究方法的多样性和研究内容的全面性

研究方法上，本书利用案例分析和实证分析相结合的方法，先深入探究盈余管理本质问题，再将案例分析结果应用到实证分析，得出普遍化的结论。研究内容上，本书既考察了应计项目盈余管理，又考察了真实活动盈余管理；既检验了盈余管理的动机，又检验了盈余管理的经济后果，得出更加全面的结论。

本研究也存在一些不足。

首先，本文改进的模型和新建的盈余管理识别模型是否普遍适用各种动机的盈余管理行为还有待进一步验证。

其次，本研究适用的有些模型中解释变量和控制变量的回归结果与前人研究结论不一致，对此本研究仅通过合理推测做出解释，没有进行实证分析去验证相关推测的真实性。

最后，由于数据的可获取性的问题，可能存在选样偏差（selection bias）。如薪酬契约动机的检验等主题的研究设计存在样本主要集中在规模大、盈利能力好的公司的问题；应计项目盈余管理和真实活动盈余管理的计量，资本成本的计量都需要通过多变量回归分析推导出变量的代理值，引发样本的缺失。

参考文献

[1] Burgstahler, and L.Dichev. Earnings Management to Avoid Earnings Decreases and Losses [J]. Journal of Accounting and Economics, 1997（24）：99-126.

[2] D. Aboody and R. Kasznik. CEO Stock Option Awards and the Timing of Corporate Voluntary Disclosures[J]. Journal of Accounting and Economics, 2000, 29（1）：73-100.

[3] D. Bergstresser and T.Philippon. CEO Incentives and Earnings Management[J]. Journal of Financial Economics, 2006, 80（3）：511-529.

[4] DeAngelo. Accounting Numbers as Market Valuation Substitutes：A Study ofManagement Buyouts of Public Stockholders[J]. The Accounting Review, 1986（3）：400-420.

[5] Dechow P.M, Sloan R.G, Sweeney A. P. Detecting Earnings Management [J]. The Accounting Review, 1995（2）：93-225.

[6] D. Yermack.Good Timing：CEO Stock Option Awards and Company News Announcements[J].Journal of Finance, 1997, 52（2）：449-476.

[7] E. Bartov and P.Mohanram. Private Information, Earnings Manipulations, and Executive Stock-Option Exercises[J].The Accounting Review, 2004, 79（4）：889-920.

[8] H. Mehran.Executive Compensation Structure, Ownership, and Firm Performance[J].Journal of Financial Economics, 1995, 38（2）：163-184.

[9] Healy P.M.The Effect of Bonus Schemes on Accounting Decisions[D] .Working Paper of MIT Sloan School of Management, 1985（7）：85-107.

[10] Healy P. M. and J. M. Wahlen, A Review of Earnings Management Literature and Its Implications for Standard Settingh [J], Accounting Horizons, 1999, 13（4）：

365-383.

[11]　J.E. Core and D.F. Larcker. Performance Consequences of Mandatory Increases in Executive Stock Ownership[J]. Journal of Financial Economics, 2002, 64 (3): 317-340.

[12]　J. Francis, K.Schipper and L.Vincent.Earnings and Dividend Informativeness When Cash Flow Rights Are Separated from Voting Rights[J]. Journal of Accounting and Economics, 2005, 39 (2): 329-360.

[13]　Jones.Earnings Management During Import Relief Investigation[J]. Journal of Accounting Research, 1991 (2): 193-228.

[14]　J.Tirole, and D.Fudenberg, A Theory of Income and Dividend Smoothing Based on Incumbency Rents [J], Journal of Political Economy, 1994, 103 (1): 75-93.

[15]　J.Phillips, M. Pincus and S. Rego. Earnings Management: New Evidence Based on Deferred Tax Expense [J] .The Accounting Review, 2003 (78): 491-521.

[16]　Kang. S. H and Sivaramakrishnan. K. Issues in Testing Earnings Management and an Instrumental Variable Approach[J]. Journal of Accounting Research, 1995, 33 (2): 353-367.

[17]　McNichols.M.and G.P.Wilson.Evidence of Earnings Management from the Provision for Bad Debts[J].Journal of Accounting Research, 1988 (26): 1-31.

[18]　Mills.L and Newberry.K.The Influence of Tax and Nontax Costson Book—Tax Reporting Differences: Public and Private Firms[J].Journal of the American Taxation Association, 2001 (23): 1-19.

[19]　P.Dechow, W.Ge and C.Schrand. Understanding Earnings Quality A Review of the Proxies, Their Determinants and Their Consequence[J].Journal of Accounting and Economics, 2010, 50: 344-401.

[20]　P.M.Dechow and I.D.Dichev.The Quality of Accruals and Earnings: The Role of Accrual Estimation Error[J].The Accounting Review, 2002 (77): 35-59.

[21]　Q.Cheng and T.D.Warfield. Equity Incentives and Earnings Management[J]. The Accounting Review, 2005, 80 (2): 441-476.

[22]   Roychowhury S.Earnings Management Through Real Activities Manipulation[J].Journal of Accounting and Economics, 2006（42）: 335-370.

[23]   S.A.Hillegeist.Stock Option Incentives and Firm Performance. working paper.2003.

[24]   Schipper, K.1989.Commentary on Earnings management[J].Accounting Horizons.3（4）: 91-102.

[25]   S.P. Kothari, Andrew J, C. E. Wasley.Performance Matched Discretionary Accrual Measures[J].Journal of Accounting and Economics, 2005（9）: 163-197.

[26]   T.Baker, D.Collins and A. Reitenga. Stock-Option Compensation and Earnings Management Incentives[J].Journal of Accounting, Auditing and Finance, 2003, 18（4）: 556-582.

[27]   毕晓方，韩传模. 股权激励报酬契约与盈余质量的关系研究[J]. 审计与经济研究，2012, 27（6）: 75-82.

[28]   陈晓，戴翠玉. A股亏损公司的盈余管理行为与手段研究[J]. 中国会计评论，2004, 2（2）: 299-310.

[29]   陈晓，李静. 地方政府财政行为在提升上市公司业绩中的作用探析[J]. 会计研究，2001（12）: 20-28.

[30]   蒋义宏. 净利润境内外审计差异的实证分析——来自中国B股上市公司年报的证据[J]. 管理世界，2002（7）: 121-133.

[31]   刘浩，孙铮. 西方股权激励契约结构研究综述——兼论对中国上市公司股权激励制度的启示[J]. 经济管理，2009, 36（4）: 166-172.

[32]   吕长江，郑慧莲，严明珠，许静静. 上市公司股权激励制度设计：是激励还是福利？[J]. 管理世界，2009（9）: 133-147.

[33]   孟焰，张秀梅. 上市公司关联方交易盈余管理与关联方利益转移关系研究[J]. 会计研究，2006（4）: 37-43.

[34]   苏冬蔚，林大庞. 股权激励、公司治理与盈余管理[J]. 经济研究，2010, 11: 88-100.

[35]   吴育辉，吴世农. 企业高管自利行为及其影响因素研究：基于我国上市公司股权激励草案的证据[J]. 管理世界，2010（5）: 141-149.

[36]   夏立军.盈余管理计量模型在中国股票市场的应用研究[J].中国会计与财务研究，2003（2）：94-154.

[37]   肖淑芳，刘颖，刘洋.股票期权实施中经理人盈余管理行为研究——行权业绩考核指标设置角度[J].会计研究，2013，12：40-46.

[38]   肖淑芳，张晨宇，张超，轩然.股权激励计划公告前的盈余管理——来自中国上市公司的经验证据[J].南开管理评论，2009（12）：113-119.

[39]   谢德仁，陈运森.业绩型股权激励、行权业绩条件与股东财富增长[J].金融研究，2010，12：99-114.

[40]   张海平，吕长江.上市公司股权激励与会计政策选择：基于资产减值会计的研究[J].财经研究，2011，37（7）：60-70.

[41]   张然.中国上市公司现金流管理研究[J].中国会计评论，2007（3）：381-400.

[42]   张俊瑞，李彬，刘东霖.真实活动操控的盈余管理研究[J].数理统计与管理，2008（5）：918-927.

[43]   赵春光.资产减值与盈余管理——论《资产减值》准则的政策涵义[J].会计研究，2006（3）：11-17.